漢検 公益財団法人 日本漢字能力検定協会

はじめに

本書は、私たち日本漢字学会が、二〇一八年三月二九日に京都大学の百周年時計台記念館で開催した、学会設立の記念シンポジウム「漢字学の未来を考える」の内容を整理し、まとめ直したものです。

漢字は、私たちの生活と密接に結びついています。文章を書いたり読んだりする際に用いるのはもちろんのこと、人名や地名、団体名、商品名などの固有名詞に占める漢字の比重はとても大きいですし、書道やデザインといった芸術的な領域で漢字が扱われることも少なくありません。さらに、教育の場での漢字学習の重要性は指摘するまでもありませんし、漢字をコンピュータで扱う情報処理技術は、今や、世の中を動かす基盤となっています。

このように、社会のさまざまな場面で重要な役割を果たしている漢字についての研究は、これまで、中国語学や日本語学、国語教育、情報処理といった個別の学問領域で、進められてきました。その成果には目を見張るものがありますが、その一方で、分野を横断する形で漢字の研究者が一堂に会する場は、ありませんでした。

日本漢字学会は、漢字の総合的な研究を推し進める場を提供し、よりよい漢字文化の発展に貢献することを目的として、設立されたものです。

その設立記念シンポジウムでは、タイトルとして掲げた「漢字学の未来を考える」ための土台として、現在、第一線で研究活動をくり広げている六人の研究者による、それぞれの研究領域や、自身の研究の紹介が行われました。その内容は、伝統的な中国の文字学、日本の古辞書研究や日本語の歴史、現代日本語研究、漢字施策、コンピュータと漢字の関わりから、朝鮮哲学やベトナムの字喃(チュノム)研究に至るまで、実に多彩です。

漢字の研究にこれだけ多くの側面があるということは、いわゆる「研究者」ではない方々の漢字に対する興味の持ち方も多様であってよい、ということです。いや、むしろ、多様であってしかるべきだ、と言えましょう。そのようなふところの深さこそが、多くの人々を惹きつける漢字の魅力なのです。

そこで、私たちは、「漢字学」を旗印とするこの学会の活動の手始めとして、漢字研究の幅広さと漢字の多彩な魅力をより多くの方々に知っていただくべく、シンポジウムの内容を出版することにしました。

本書を手に取ってくださるみなさんは、おそらく、漢字に対してすでにある程度の興味や知識をお持ちでいらっしゃることでしょう。そんなみなさんでも、本書に収録した六人の研究者の発表の中から、これまでに考えたことのなかったような漢字へのアプローチを発見なさるのではないでしょうか。

漢字の世界は、広くて豊かで、刺激に富んでいます。本書を通じて、一人でも多くの方がその魅力を再認識してくださることを、願っています。そして、その中から、新たに漢字研究を志す方が現れることを、期待しています。

二〇一八年一二月

日本漢字学会

※日本漢字学会は、いわゆる「研究者」以外の方々にも、門戸を開いています。ご興味のある方は、巻末の「日本漢字学会について」をご覧ください。

『漢字学ことはじめ』　目次

執筆者紹介

阿辻 哲次（あつじ・てつじ）
一九五一年生まれ。専門は中国文化史、文字文化史。京都大学名誉教授。

笹原 宏之（ささはら・ひろゆき）
一九六五年生まれ。専門は日本語学、漢字学。早稲田大学教授。

池田 証壽（いけだ・しょうじゅ）
一九五五年生まれ。専門は国語学、文字コード研究。北海道大学教授。

清水 政明（しみず・まさあき）
一九六七年生まれ。専門はベトナム語学、字喃研究。大阪大学教授。

小倉 紀藏（おぐら・きぞう）
一九五九年生まれ。専門は韓国哲学、韓国文化社会論。京都大学教授。

山本 真吾（やまもと・しんご）
一九六一年生まれ。専門は日本語史・日本言語文化学。東京女子大学教授。

漢字学ことはじめ

1

漢字学の未来を考える

極めて個人的な前説

阿辻 哲次

今年はちょっと桜の開花が早く、まだ三月末だというのにすでに満開の桜に囲まれた京都で、日本漢字学会の発足に際して、かくも多くの方にお集まりいただきましたこと、学会の企画から立ち上げまで手探りしながら動いてきた関係者の一人として、心より厚くお礼を申し上げます。

本日は「漢字学の未来を考える」という、実に向こう見ずにして大上段に振りかぶったテーマについて、これから二時間ばかり議論をしたく存じます。ご覧のように、壇上にはパネラーとして、私（わたくし）を含めて六名が並んでいます。しかしこの六人の研究領域はまちまちですので、この状況で一つのテーマについて議論をおこなうということにはかなり無理があります。これがたとえば「ＩＰＳ細胞の研究」とか「自動運転のクルマの開発」というように、テーマが具体的にしぼりこまれていたなら、いま何がどのように問題になっていて、それがどう解決されていこうとするのかなどについて、全参加者が共通の知見と問題意識を集めて考えていくことが可能と思います。しかし、「漢字学の未来を考える」というテーマでは、この六人に共通するテーマを選び、それについて各自が意見を述べるという展開はなかなかに困難なことです。

　したがって今日は最終的になにかの結論を出すということを求めず、たまたまここに並んでいる六人の研究領域では、これまでどのような研究がなされ、そしていまどんなことが考えられているのかという概括をおこない、そこから、「漢字学の未来」を考える土台を提供できれば上出来ではないだろうか、と私は考えております。

　ところでいきなり裏話で恐縮ですが、このシンポジウムにあたって私はこのメンバー各位に、「私はだいたいこのようなことを話す」と、話す内容をざっくりとまとめた概要をメールで送りました。そうしたらほどなく、それぞれの先生方から、驚くべき中身の濃い返事が返ってまいりました。

　日本語でいう「えびで鯛(たい)を釣る」ことを、孫子(そんし)の兵法では「拋磚引玉(パオチュアンインユイ)」（レンガを投げて玉を引く）といいますが、今日はまさにその「拋磚引玉」で、私からの簡単な問題提起をふまえて、各位から中身の濃いプレゼンテーションをご用意していただいています。ただなにぶん時間の関係で、一人一〇分としても六〇分、一五分話せば九〇分になってしまいます。まことに恐縮ですが、用意していただいたうちのエッセンス中のエッセンスという形で、各パネラーにお話いただくことくらいしかできないことをご了承ください。という雑談をしているとどんどん時間が経ちますので、まずトップバッターとして私から話をさせていただきます。

漢字学の領域の幅広さ

最初に、この「日本漢字学会」が包括する範囲について、本日の告知パンフレットに記載されていたもの（p124～125参照）に私なりにちょっと肉付けをしたものをお示しいたします。本会が扱う領域を、私は次のように考えました。

（1）漢字研究（起源・造字法・文字演変、形音義全般）
（2）漢字文献（小学書・字書・辞書・目録学・語彙集）
（3）表現と発信――藝術と印刷（書道史・書誌学・印刷史）

（4）考古学的出土資料（古代文字・書写材料・文物の保存と修復）
（5）教育と言語政策（識字教科書・学校制度・漢字施策）
（6）国家と漢字（漢字文化圏・簡体字と繁体字・比較文字学等）
（7）情報処理と漢字（文字コード・文字認識・国際標準化）
（8）生涯学習（検定試験・資格取得・古典文化愛好者）

はなはだ大まかな分類ですが、本日ここにいらっしゃる方は、どなたもこの（1）から（8）までのどれかにご関係があるだろうと推察いたします。いわゆる研究者ではない方でも、少なくとも、（8）の「古典文化愛好者」というところにはお入りになるかと思います。

このような広範な領域を相手に、「まず隗（かい）より始めよ」で、これから先の漢字の問題を考えるために、私がこれまでこんなことをやってきて、いまはこんな状況であるという、まことに個人的な話をさせていただこうと思います。

初めての学会発表

私が京都大学文学部に入学したのは一九七一年、昭和四六年のことで、当時の文学部はこのシンポジウムがおこなわれている時計台からちょっと北にいったところにある、レンガ造りの風格ある建物でした。私はそこに学部と大学院を通じて九年間在籍し、一九八〇年三月に大学院を修了しました。はじめて全国規模の学会で研究発表をしたのは同じ年の一〇月で、日本中国学会第三二回大会が東京大学駒場キャンパスで開催された時のこと、私はその時いわゆる「オーバードクター」、つまり大学院博士課程をおえたけれどもまだ就職できないでいる状態でした。

いまは各地の大学などでいろいろ細分化された領域にまで学会や研究会が組織されていますが、そのころの日本では、中国古典文化を研究する者が所属する最も一般的な学会は「日本中国学会」で、同じ研究室の先生や先輩たちのほとんどがこの学会に加入していました。この学会にはいまは日本漢文部会もあるようですが、そのころは文学・語学部会と哲学部会だけでしたので、私はその文学・語学部会に、「北京図書館蔵段玉裁『説文解字讀』初探」というタイトルで、研究発表を申請しました。発表時間は二五分、質疑応答は五分間という規定だったと記憶します。

タイトルにある『説文解字讀』とは、清の段玉裁（一七三五～一八一五）が、漢字研究の聖典とされる『説文解字』に注釈をつけた名著『説文解字注』（以下『段注』）を撰述するために作った原稿本で、中国ではこのようなものを「長編」と呼びます。

後漢の許慎(きょしん)が著した『説文解字』は、いまの中国や日本でも漢字に関してなにか言おうとする時に必ず言及される、漢字研究におけるもっとも重要な古典です。しかしいまから二〇〇〇年近く前の西暦一〇〇年に作られたものであり、しかも原文はきわめて簡素な文章で書かれているので、よくわからない部分がたくさんあります。

その「聖典」を読み解くための羅針盤が『段注』です。『段注』は古代文献を読解するために同時代の文献を資料として用いる清朝考証学の方法と、精密な上古音韻学の理論を武器として、漢字の形・音・義それぞれの分野にくまなく研究を進めた、説文学の最高峰といわれる書物です。

後世の漢字研究者は、不朽の名著である『段注』から多大の恩恵を受けてきましたが、しかしそのかげで、『段注』が形づくられつつあった過程についてはほとんど注意が向けられませんでした。『段注』が作られる前に、その「長編」として『説文解字讀』という著述があったことは一部の研究者の間では知られていましたが、しかし『説文解字讀』とはいったいどのような書物で、現在はどうなっているのか、などについてはまったくといっていいほど問題にされず、極端な場合では、『説文解字讀』はすでに散逸しており、いまでは見ることができない、と述べられることすらありました。

そんな状況の中で、私は一介の大学院生でありながら、中国のアカデミーである中国社会科学院の支援を得て、一ヶ月のあいだ北京図書館（現在の中国国家図書館）で文献調査をおこなうという、まことに得がたい貴重な機会をあたえられました。

北京図書館は、「書物の国」中国のみならず、アジア最大の規模を誇る、世界屈指の大図書館です。研究者にとって宝の山というべきその北京図書館で調査をおこなうべく、同館が所蔵する貴重書の目録である『北京図書館善本書目』を調べ、そこに、

説文解字讀十五巻　清段玉裁撰　清抄本　龔麗正・王萱鈴跋　七冊　周捐

と記されているのを見た時には、心臓が止まるかと思うほどに驚いたものでした。

こまかい話は省略しますが、一九八〇年の春に、私は北京図書館に日参し、『説文解字讀』を自由に閲覧させていただきました。ただしその時の同館の規定では写真撮影も複写も一切許されないので、手で書き写すしか方法がなく、時間的な制約によって、結局全体の一割程度しか書き写せなかったのが残念でした。

漢字をめぐる研究の少なさ

一九八〇年の秋に東大駒場で開かれた日本中国学会で報告したのはその調査結果で、発表をまとめた論文は学会の機関誌である『日本中國學會報』第三三集に掲載されています。

中國古代昭穆制度發生に關する一考察……谷田孝之
防風氏と封嵎の山……川上義三
中國古代における精神疾病觀―中國古代における非「理性」の問題―……石田秀實
前漢末の改禮について……北村良和
韓愈と「論語」……島一
楊時の立場……土田健次郎
朱子心性論の成立過程……福島仁
『讀余隱之尊孟辯』に見える朱子の孟子不尊周への對應……近藤正則
明代における記誦―中國人と經書―……佐野公治
實學概念について……小川晴久
詩經における類型表現の機能……加納喜光
「詔」の文體について―漢魏を中心に―……福井佳夫
仙人子安のこと……吉田隆英
陶淵明と劉柴桑……宮澤正順
「字母」という名稱をめぐって……慶谷壽信
岑參の詩について―同一表現の多用―……新免惠子
柳宗元柳州詩―葛藤の鎮静とその由來―……下定雅弘
北京圖書館藏段玉裁『說文解字讀』初探……阿辻哲次
茅盾と短篇集『野薔薇』……南雲智

『日本中國學會報』第33集の目次より

この時の学会は二日間にわたって開催され、文学・語学部会では二〇本近い研究発表がおこなわれましたが、そのなかで語学の領域に属する発表は私のものだけでした。この時だけでなく、当時の日本中国学会では語学領域からの発表はほとんどなく、あってもせいぜい一本か二本くらいでした。

そのことを示すために、こ

こに翌年刊行された学会誌『日本中國學會報』第三三集の目次を掲げました。合計一九本掲載されている論文のうち、いわゆる語学、とくに漢字を扱う領域の論文は、私のものと、その三つ前、「『字母』という名称をめぐって」という、慶谷壽信（けいやとしのぶ）先生の二本だけであり、それ以外はすべて文学と哲学に関する論文でした。それはこの年だけが例外というわけではなく、むしろこの年は二本も載っているというのが珍しいくらいでした。漢字あるいは中国の古典言語学の論文が学会で発表され、学会誌に掲載されるということが、その時代にはほとんどなかったことは、いま思えば隔世の感があります。

中国語学会での状況

さて日本中国学会で発表した同じ年に、私は別に「中国語学会」という、こちらは中国の言語だけを研究対象とする学会でも研究発表をさせていただきました。当時の中国語学会では、分科会として文字・音韻領域と語法領域があっただけで、方言と語学教育に関する分科会はまだなかったと記憶します。そしてその時代から、学会に参加する方の大部分は語法の研究者でした。それでも文字音韻関係の研究発表は、日本中国学会よりは格段に多い状況でした。

この時の研究発表の状況についても、翌年に刊行された学会誌『中国語学』二二八号の目次

『中国語学』228号の目次より

を通じて、ご紹介しようと思います。

　最初に私の論文「六書についての一考察」がありますが、これは扱っている時代が一番古いからという理由ではじめに載っているだけです。次に『中州音韻』という韻書をめぐる論文が二つあって、著者は讃井唯允氏と鈴木勝則氏（どちらも当時は東京都立大学）。この三本がいわゆる「小学」、文字学や音韻学の論文です。

　続いて中国の高名な方言研究者である詹伯慧先生の名前が見えますが、そのときはたまたま詹伯慧先生が東京外国語大学に来ておられた時期で、国内で寄稿された論文が掲載されています。

　このときの中国語学会では、有坂秀世先生をめぐるシンポジウムが開かれ、慶谷寿信先生が「石塚龍麿から有坂秀世まで」という論文を書かれ、ほかにも坂井・森氏の論文が掲載されています。

六書の研究

私が京都外国語大学で開かれた中国語学会でおこなった発表のタイトルは、「六書の成立に関する一考察」というものでした。

ここで話した内容は私の修士論文を基礎に書き直したもので、内容は、伝統的な漢字研究でもっとも中核に位置していた「六書」という理論の成立年代を考察したものです。

「六書」は漢字の作り方と使い方の基本的な原則とされ、象形・指事・会意・形声・転注・仮借（かしゃ）という六種類から成りますが、これまでは無反省に、原始の造字段階から存在した理論であり、すべての漢字は非常に早い時代に、六書の原則に基づいて作られてきたと考えられていました。それに対して私は、前漢末期から王莽（おうもう）政権を支え、彼の王朝簒奪（さんだつ）を理論面で支援しようとした劉歆（りゅうきん）たち古文学派が作りあげた文字解釈理論であることを論じました。つまりまず六書があってそれに基づいて漢字が作られたのではなく、前漢末期から後漢にかけて、すでに目の前に大量にあった膨大な量の漢字群を分析し、そこから造字原則を推測して六つに帰納し、それを古文経書である『周礼（しゅらい）』の地官（ちかん）・保氏（ほし）に見える記述と結びつけ、古文経書の権威に仮託したものであることを論証しようとしたものでした。ちょっとわかりにくい説明ですが、ともあれこのような内容の研究をしていたのは当時では私だけでしたし、それからあともどなたもやっておられないようです。

中国語学専攻の者が加入でき、研究発表を申しこめる全国規模の学会は、私たちが若かった時代では日本中国学会と中国語学会の二つしかありませんでした。そしてその二つの学会でも、漢字の形音義にまつわることがら、あるいは伝統的に「小学」と呼ばれた、漢字の形音義にまつわる研究領域についておこなわれる研究発表は、まことに寥々（りょうりょう）たるありさまでした。

そしてそれは日本だけのことではありませんでした。そのころの中国は文化大革命が終了してからあまり時間がたっておらず、文革がはじまった直後の一九六六年に刊行停止となったままで、七九年にようやく復刊された『中国語文』に文字学や音韻学に関する論文が少しずつ載りだしてはいましたが、それでも復刊当初の論文は水準がそれほど高くなく、文革の傷跡はあまりにも大きなものがありました。

当時の研究仲間たち

卒論や修論を書く時には、いうまでもなく先行する学説を整理する必要がありますが、そのころには京都大学人文科学研究所から『東洋学文献類目』という、非常に便利な論文目録が刊行されていました。はかにも『中国関係論説資料集成』という書籍の中の「語学」「文学」の部分なども、学説整理のために参照したものでした。いまはインターネットで、たいへん簡単に調べられる時代になりましたけれども、私たちが学生、院生だったころにはこのようなアナログ的な方法で、先行する学説を整理していたものです。

均社に集ったメンバーたち

私は京都におりましたので、たいへん恵まれた環境に暮らしていました。大学の講義のほかに人文科学研究所の研究会にも参加させていただけましたし、そのころ京都には「均社（いんしゃ）」という研究会があって、そこにも参加させていただきました。

均社とは、京都大学の小川環樹（おがわたまき）先生と大阪外国語大学（後に大阪大学に統合）の辻本春彦先生という両碩学を囲んで、京大と大阪外大のメンバーが集まっていた勉強会で、「均」は「韻」の古字ですから「音韻学研究会」という意味です。当時の写真（前頁）をお目に掛けますと、左端の後列に小川先生、前列に木田章義さんがおられ、その隣に森博達さん、さらにその隣が私です。後列の右端に平田昌司くんが写っています。この写真は社会科学院代表団として京都を訪問された李榮先生をお迎えして研究会を開いたときのスナップで、場所はそのころ木田さんと平田くんがいた下宿です。二人の蔵書で床が抜けそうな陋屋で、そんなところへ『切韻音系』の著者として広く名を知られる李榮先生をお迎えしたのですから、われわれもいい度胸でした。当時の均社のありさまについては、岩波文庫の『千字文』解説に木田さんが好きなことを書いていますので、詳しくはそちらをご覧いただければと思います。

私はありがたいことに、このように恵まれた研究会に参加でき、また身近なすぐれた仲間たちと一緒に勉強することができました。しかしインターネットどころか、パソコンでの電子メールすらなかった時代ですから、全国レベルでは他の地域のすぐれた研究者たちと交流するなど、まだまだ考えられない時代でした。遠く離れた地域にいる、会ったこともない研究者の論文がネット上でいつも手軽に読めるようになる時代が来るなど、私たちの時代ではまったく考えられませんでした。

『訓讀說文解字注』
（1982 年、東海大学出版会）

博士後期課程に在学していたころ、人文科学研究所におられた尾崎雄二郎先生から呼び出しをうけて先生の研究室に行くと、東海大学出版会の編集者が来ておられました。先生からご紹介を受けて、話をうかがえば、こんど同出版会が刊行している「東海大学古典叢書」の一冊として、段玉裁の『説文解字注』を訓読して注釈をつけたものを刊行することになったので、お前がその仕事のマネージメントをやれ、とのご命令でした。こうして恩師尾崎雄二郎先生を編者とする『訓讀說文解字注』が刊行されはじめました。

その最初の巻が出版されたのが一九八二年のことですが、その企画に連動して、『説文解字』を読むためのマニュアルがほしいとの声が版元に多く寄せられました。そんな話を尾崎先生と出版会の担当者にお諮りして、厚顔にも書かせていただいたのが、私のはじめての著書『漢字学――『説文解字』の世界』（一九八五年）でした。

漢字通史への試み

そうやって『説文解字』と『段注』を通じて、主に漢字の字形学的領域で少しずつ仕事をはじめていたところへ、『大漢和辞典』の版元である株式会社大修館書店から電話がかかってきました。それまで大修館さんとはおつきあいがなかったのでちょっとびっくりしましたが、うかがえば同社がまもなく迎える創業七〇周年の記念イベントとして「漢字の歴史展」を計画しているので、一度会って話を聞きたいとのことでした。

文化勲章受章者で『大漢和辞典』の編者でもある諸橋轍次博士は、母校でもある東京高等師範学校で教鞭を執られ、戦前はまた大東文化学院（現在の大東文化大学）でも教授に就任されていたので、諸橋門下の学統は東京教育大学（後に筑波大学の設置に伴い廃校）と大東文化大学を中心に受け継がれており、私たち京都にいる者とは恩師や先輩を含めてほとんど面識がなかったので、このご依頼は意外でした。あとで聞いたところでは、同社はこの企画を、はじめ東京外国語大学アジア・アフリカ言語文化研究所におられた橋本萬太郎教授に相談され、橋本先生を中心に話が進んでいたところ、教授が五五歳の若さで急逝されてしまいました。橋本先生の突然の他界で途方にくれた担当者が、たまたま私の『漢字学』を読んでくださっていたのがご縁で、私に連絡をくださった、ということでした。

橋本教授は若い研究者に積極的に声をかけて、研究会に呼んでくださいました。私にも大学院生時代にその研究会でずいぶん勉強させていただいた思い出があるので、先生の学恩に少しでも報いたいとの思いが強く、橋本先生に私淑する担当者と二人三脚で、この企画をよりよいものとして実現すべく全力投球しました。

この展覧会は単に漢字の字形の変遷を追うのではなく、亀の甲羅や牛の骨、あるいは青銅器など、実際に漢字が記された古代の文物を、中国と日本の所蔵機関からお借りして展示するという形をとりました。これは橋本先生の着想であり、いまでは当たり前の方法ですが、それまではこのような切り口の「漢字の歴史」研究はほとんどありませんでした。

展覧会ではさらに総合的な学術顧問として、名著『文字の文化史』の著者である藤枝晃先生（京都大学名誉教授）にお出ましいただいたり、また文物借り出しのために北京の国家文物局まで交渉にいったりして、最終的には一九八九年二月に、いまはなき東京・有楽町の「アートフォーラム」で開かれました。国内外の機関からも絶大なご支援をいただけ、中国からは侯馬盟書（戦国時代の同盟の誓約書）、国内からは龍谷大学所蔵の李柏文書（大谷探検隊が持ち帰った四世紀の古文書）、藤井有鄰館所蔵の有名な科挙受験のためのカンニング肌着、宇治の黄檗山萬福寺宝蔵院所蔵の鉄眼一切経の板木など、それまでほとんど門外不出で、一般の方々が目にする

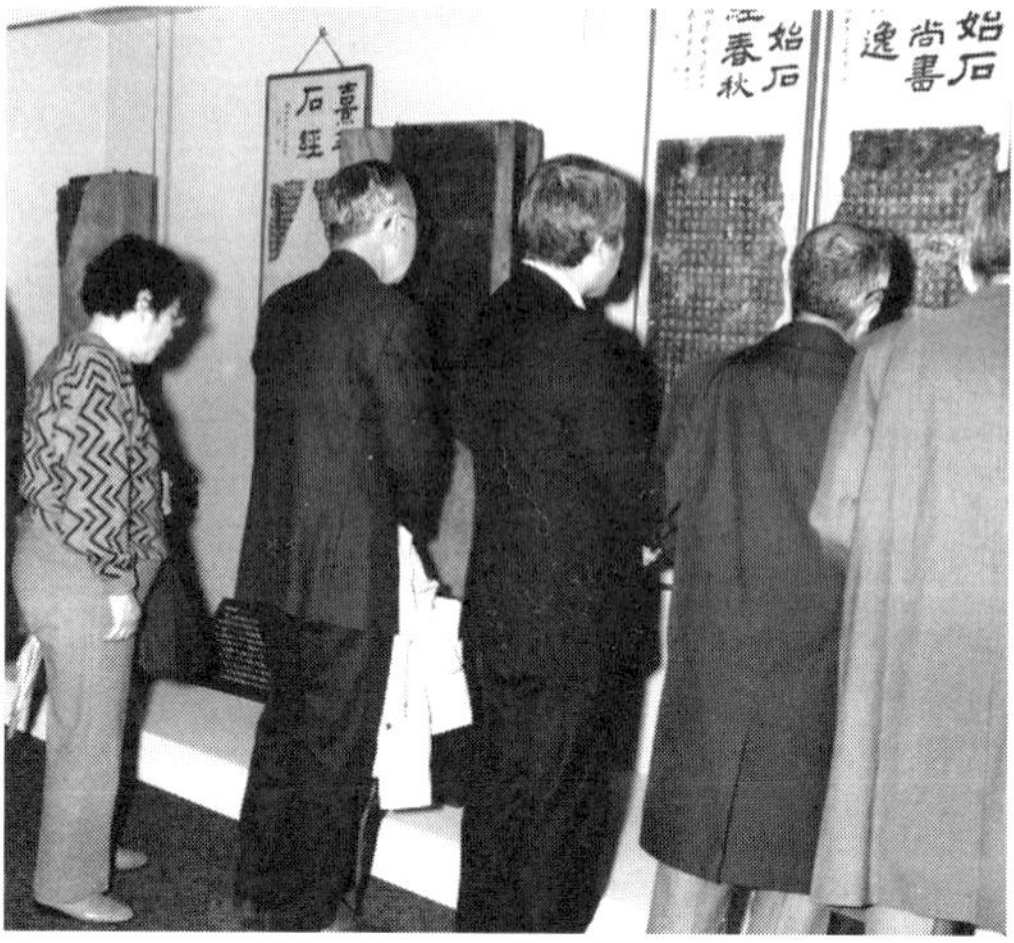

『漢字の歴史展』
（1989年、有楽町アートフォーラム）

ことなどまずなかった貴重な文物を数多く出展することができました。マスコミが大きく取りあげてくれたこともあって、展覧会には非常にたくさんの方が見学においでくださり、大成功をおさめました。

そして私個人は、この仕事をきっかけに、それまでの『説文』や「六書」を中心とした文献中心の研究から、甲骨文字や青銅器の銘文など、考古学的出土物に記される漢字の研究という方向にも、仕事を広げさせていただくことができました。

情報化時代と漢字

日本語電子タイプライターという名称で、東京芝浦電気（現在の株式会社東芝）がワープロ専用機ＪＷ－１０を発売したのは一九七九年で、そのとき私は博士後期課程三年生でした。とうとう機械で漢字が書けるようになったかという新鮮な感動とともに、六三〇万円という価格（大卒初任給が一〇万円強だった時代です）を見て、これは大企業の中で一台設置されるくらいのもので、一般の日本人が自由に使える機械にはなりそうもない、と落胆したものでした。

ところがこの高価な機械が、各社の熾烈な製品開発と競争で、あっという間に低価格高機能化し、発売されて五年後には、私も自分のデスクの上に小さなワープロ（いまの小型電子レンジくらいの大きさ）を置くことができました。そのころ私は静岡大学の教員でしたが、夏のボーナスをはたく程度で買えるほどの機械になっていました。

機械を使えば、「憂鬱（ゆううつ）」や「矍鑠（かくしゃく）」「顰蹙（ひんしゅく）」などの難しい漢字だって自由に使え、しかも書き間違えることがありません。また「自分は字が下手だから」と悪筆を気にしていた人も、ボタン一つできれいに印刷されることで、そのしがらみから解放されました。簡単な操作で漢字かなまじり文が書け、しかも編集も文書保存も、さらには印刷もできてしまう機械が、まずまずリーズナブルな価格で入手できるのです。そんな機械が会社や学校で使われないわけがありません。こうしてワープロ専用機が爆発的な速度で社会に普及し、やがて急速に低価格化したパソコンがそれにとって代わり、インターネットの普及が電子機器による漢字の使用に拍車をかけました。

いま実にたくさんの人が、頼まれもしないのに、いとも気軽に、「このあいだ食べたラーメンはおいしかった」などと、さまざまな内容の文章を書いて社会に発信しています。町内会のバス旅行の案内パンフすら書き手がなかなか見つからなかったことを知っている私たちから見れば、そんな時代がくるなんて、実に信じられない状況です。

それでも初期のワープロやパソコンでの漢字にはいろいろ問題があって、面倒な議論があちらこちらで繰りかえされていました。たとえば明治の文豪森鷗外（もりおうがい）の名前を書こうとすれば、初期のワープロやパソコンでは「鷗」でなく、「鴎」という形でしか書けないということがありました。

この「鷗」と「鴎」を漢字関係者は「シナかもめ」と「メかもめ」と呼んで区別していたものですが、そのころは一台の機械で「鷗」と「鴎」の二種類を表示することはできませんでした。特に八三年改定のＪＩＳ漢字規格を搭載している機械では「鷗」が書けないので、そのことなどを中心に、日本文藝家協会が「漢字を救え！」というタイトルのシンポジウムを開いたりしていました。このあたりの事情については、本日パネラーとして参加してくださっている池田証壽先生や笹原宏之先生がたいへんお詳しいので、もし可能でしたら補足していただければと思います。

ともあれ、このように情報機器上で使われる漢字をめぐって議論がおこなわれるようになった時期のこと、文化庁国語課の主任国語調査官だった浅松絢子さん（故人）から電話がかかってきて、近々「表外漢字の字体についての考え方」という国語施策懇談会を開くので、それにパネラーとして参加せよとの依頼でした（一九九七年二月開催）。

国語施策懇談会は文化庁国語課が実施する定期的なイベントで、この時は第二一期国語審議会が審議していた「表外漢字字体表」の試案が公表されたのを受けて開かれたものでした。元国立国語研究所長の水谷修氏による司会進行のもと、パネラーとして桜美林大学教授の小林一仁氏、東京外国語大学教授でＪＩＳ漢字規格の設計に深く関与しておられた豊島正之氏、それに日立製作所の小池建夫氏などが居ならび、五〇音順で並んだ結果、もっとも司会者に近い席に私が座ることになりました。私が文化庁国語課やＪＩＳ漢字規格の関係者にお目にかかったのは、この時がはじめてでした。

このシンポジウムが終わってしばらくして、今度は文化庁国語課の氏原基余司調査官から電話がかかってきて、「表外漢字字体表」を正規の規格にするための審議をおこなう次期の国語審議会にメンバーとして参加せよという要請をうけました。

国語審議会は日本語と漢字にかかわるあらゆる局面において、節目ごとにかならず登場し、

No.	音訓	印刷標準	簡易慣用	備考
121	ガイ	鎧		
122	カク	喀		
123	カク	廓		
124	カク	摑		
125	カク	攪	撹	
126	ガク	愕		
127	ガク	萼		
128	ガク	諤		
129	ガク	顎		
130	ガク	鰐		
131	かし	樫		
132	かすり	絣		
133	カツ	筈		
134	カツ	葛		
135	カツ	闊		
136	かつお	鰹		
137	かや	萱		
138	カン	奸		
139	カン	串		
140	カン	旱		
141	カン	函		
142	カン	咸		
143	カン	姦		
144	カン	宦		
145	カン	柑		
146	カン	竿		
147	カン	悍		
148	カン	桓		
149	カン	涵		
150	カン	菅		

No.	音訓	印刷標準	簡易慣用	備考
151	カン	嵌		
152	カン	鉗		
153	カン	澗		
154	カン	翰		
155	カン	諫		
156	カン	瞰		
157	カン	韓		*
158	カン	檻		
159	カン	灌		
160	ガン	玩		
161	ガン	雁		
162	ガン	翫		
163	ガン	頷		
164	ガン	癌		
165	ガン	贋		
166	キ	几		
167	キ	卉		*卉
168	キ	其		
169	キ	祁		3部首
170	キ	耆		
171	キ	埼		
172	キ	悸		
173	キ	揆		
174	キ	毀		
175	キ	箕		
176	キ	畿		
177	キ	窺		
178	キ	諱		*
179	キ	徽		
180	キ	櫃		

『表外漢字字体表』より。常用漢字とともに使われることの多い表外漢字を、頻度数調査によって特定し、その範囲について印刷標準字体（1022字）と簡易慣用字体（22字）を示したもの。

いい意味でも悪い意味でも大きな影響をあたえてきた組織です。昭和四〇年代には漢字の存廃をめぐって激しい議論の応酬を繰りかえしてきたことも、おぼろげながら記憶にありますが、実際に参加してみれば、非常になごやかな組織でした。なお、その時のマスコミや他の委員の関心は、私と同時に委員に任命された中島みゆきさんに向いていて、「表外漢字字体表」の検討と完成に黙々と取り組んだのは、第二委員会主査であった樺島忠夫（かばしまただお）先生以下ほんの数名程度でした。

そしてこの時の経験が、やがて二〇一〇年の常用漢字改定につながっていくのですが、ここまでですでにかなり時間を使ってしまいましたので、このあたりで次の方にマイクを回すことといたします。

新しい時代の研究者たちのために

たいへん駆け足で話してきましたが、『説文解字』から研究をはじめた私は、たまたまなりゆきで、出土物に見える漢字とも取り組み、そして国語政策関係の仕事もやってきました。研究とは孤独な歩みである、と言うとかっこいいものの、これまでほんとによたよたと歩いてきて、まぁなんとか大学の勤めも定年を迎えることができました。

いまの若い世代の方々が、実にさまざまな領域ですぐれた研究を展開しておられるのを見て、ほんとうに新しい時代になったなぁと実感します。これほどたくさんの若い優秀な方が、フレッシュな問題意識のもとに、どんどんとすぐれた論文を書いておられる状況を有機的につなぎあわせ、それをより大きな力にしていくことが私どもに残された大きな使命ではないかと思います。そしてそれが、今回のこの学会の立ち上げにつながった、と自分では考えております。この学会のいっそうの発展を心より祈念いたします。

あたえられた時間がすっかり尽きました。ご清聴ありがとうございました。

2 日本古辞書研究からの提言

池田　証壽

みなさん、こんにちは。池田証壽と申します。北海道からやってまいりました。北海道はまだ雪がたくさん残っておりましたが、こちらに来ましたら桜が満開で、得したような気分です。北海道の札幌ですと、花見は、ちょうど五月の連休の頃ですね。

私(わたし)の話のタイトルは、何にしようかな、と思いましたが、「日本古辞書研究からの提言」というふうにしました。

私は、昭和三〇年、一九五五年の生まれでありまして、連合国に占領されていた日本が独立してしばらくたった頃です。私の名前の「証」というのは、常用漢字を使っていまして、「壽」

の方は、「ことぶき」という旧字です（新字は「寿」）。私の祖父がこの字を使っていたので、それを名前に使いたい、というようなことでこういう名前となりました。新字と旧字の両方を使っているところには、やはり時代っていうんでしょうか、昭和三〇年生まれという時代が入っているところがあります。

そういうこともあって、私自身、漢字にこだわりを持つようになったんじゃないかな、というふうに感じております。

古辞書の研究とパソコンの登場

私の研究領域は、国語学、日本語学という分野で、国語史や文字コード論を研究しています。自己紹介という意味で申し上げますと、主な研究の対象は三つありまして、その一番目が、主に平安時代の日本で作られた、漢字の辞書。あとで写真をご覧に入れたいと思いますけれども、『篆隷万象名義』『新撰字鏡』『類聚名義抄』という古い辞書がありまして、この研究が、スタートです。

こういう古い辞書を「古辞書」と称しています。漢字の発音、意味の説明が詳しく書いてあります。九世紀前半に出来た『篆隷万象名義』は全部漢文で書かれています。一〇世紀のごく初め頃に出来た『新撰字鏡』になると、主体は漢文で漢字の発音と意味を記していますが、中には万葉仮名で古い日本語を記載するようになります。さらに、一二世紀に出来た『類聚名義抄』ではカタカナを使って漢字の発音が加えられるようになり、カタカナで訓読みを記すようになります。このカタカナで書かれた訓読みは日本語の資料としてとても重要です。『篆隷万象名義』は、六世紀中葉に中国で出来た『玉篇（ぎょくへん）』をダイジェストした辞書ですが、弘法大師空海の著作ということで知られているものです。

一九八〇年代の初め頃に『古辞書音義集成』という書籍のシリーズが出ました。これは、国語学の分野の築島裕（つきしまひろし）先生、小林芳規（こばやしよしのり）先生などが中心になって刊行されたものですけれども、私はまだ院生だった頃、その索引作りをお手伝いしたことがございました。

確認してみますと、その索引は一九八四年五月に汲古（きゅうこ）書院から刊行された『古辞書音義集成』第一九巻に収録された「一切経音義（いっさいきょうおんぎ）索引」です。「一切経音義」は中国の唐時代に玄奘三蔵（げんじょうさんぞう）のお弟子さんの玄応（げんのう）というお坊さんが作った書物です。出来たのは七世紀の半ばくらいです。「音義」というのは、『一切経』、つまり仏教のお経ですね、そのお経に出てくる難しい字を順番に抜き出して、発音とか意味を説明したものです。『法華経』とか『華厳経』を読む時にすごく便利なものです。

その頃の索引作りでは、紙に鉛筆で書いたカードをたくさん作って、それを並べ替えるという作業をやっておりました。カードがたくさんありますから、並べ替えるのにも、広いスペースが必要になります。夏ですと、暑いから窓を開けてあったりすると、カードが飛んでいってしまいます。というようなわけで、夏の夜のだれもいない研究室で並べ替え作業をするとか、そういう時代があったわけです。

その後、一九八〇年代後半から九〇年代前半ぐらいになりますと、「パソコンというものがあるぞ、ああ、これは便利だ」ということになりました。でも、使える漢字が少なそうだ、という問題点がありました。いろいろ調べてみると、パソコンで使える漢字は、最初は六〇〇〇字くらいだったんですけれども、どうも、二万字くらいになりそうだ、ということがわかりました。「いずれは漢字が何万も使える時代が来るに違いない」という夢というんでしょうか、期待をしまして、そのための準備をいろいろやっております。

漢字字書データベースの作成

主な研究テーマの二番目がその準備作業で、具体的には「漢字字書データベースの作成と文字コードの研究」です。パソコンに関する技術的な難しいことはあまりよくわからないんですけれども、どれくらいの漢字が使えるかということのほかに、似たような漢字でも区別することがあったりなかったりというようなことがあります。

たとえば、「飲食」の「飲」は、旧字体では「飮」となります。コンピュータでは、「飲」と「飮」とが別々に割り当てられていて、両方を使うことができます。しかし、同じ「食へん」でも「飯」と「飯」は区別されていないのです。

だいたい一九九〇年代ぐらいは、その問題にちょっとのめり込んでおりました。そこで、ある先生から、「いつまで池田はコンピュータとかそういうのをやっておるんだ」と、早く国語学のまともな研究に戻りなさいっていうふうに、お叱りをいただいたこともありました。

自分の研究用にパソコンを購入したのは、一九八〇年代の終わり頃で、一式で五〇万円くらいしました。その頃は、信州大学に勤務していましたが、上司の教授にお願いして購入してもらいました。しかし、研究室に設置してあれこれ操作しても、すぐに成果が出てくるわけじゃないんですね。研究室に導入されたパソコンには「一太郎」という日本語ワープロソフトぐらいしか付いてなくて、データ処理するには、表計算ソフトだとかデータベースソフトだとかを導入しないといけないんですが、これが結構な値段だったりするわけですね。

まあ、お叱りをいただいた頃は、ある程度までコンピュータの仕組みも分かってきていました。コンピュータで文字を扱うには、それぞれの文字に番号を割り当てるわけですが、その割り当ての仕方を共通にして工業規格というかたちにしないと、情報交換できないわけです。日本工業規格（ＪＩＳ）です。このＪＩＳに定められた漢字をＪＩＳ漢字と言います。一九七八年に最初のＪＩＳ漢字が制定されて、国内のメーカーが文字を勝手に割り当てて処理するということが防がれ、格段に利便性が向上したわけです。

一九九〇年代に入りますと、マイクロソフトのウインドウズが出てくる少し前くらいですが、国際的に共通する規格を作る動きが見えてきました。ユニコード（ＵＮＩＣＯＤＥ）ですね。このユニコードは世界中のあらゆる文字を規格化しようとするもので、漢字だけでも二万字以上登録されているんです。先程紹介した日本の古辞書には難しい漢字がいっぱい出てきますので、ユニコードを使うと便利だろうなと考えたわけです。

高山寺経蔵典籍文書の研究

三つ目の研究テーマとしましては、京都の高山寺（こうさんじ）に所蔵されている典籍を調査する調査団がございまして、そのお手伝いをするという機会がありましたので、それをずっと続けております。この調査団の団長は、東京大学の名誉教授でいらっしゃった築島裕先生でしたが、現在は私の恩師の石塚晴通先生（北海道大学名誉教授）が団長ということもありまして、そういう調査を進めているところであります。

先に名前を出した『篆隷万象名義』は、高山寺に伝わった本だけが残っています。天下の孤本です。ただ、厳密にいうと江戸時代に高山寺の本を写したのがありまして、虫食いのあとなんかもかなり忠実に写しています。見比べると、現在の高山寺本は、江戸時代に書写されたときよりも虫食いが少し進んでいるようなところもあります。それはともかく、高山寺に伝わった『篆隷万象名義』は、国宝に指定され、現在、京都国立博物館に寄託されています。

高山寺典籍綜合調査団の石塚先生のご調査によりますと、高山寺本の『篆隷万象名義』は雁皮紙に書かれていることが、電子顕微鏡の調査で分かってきました（この調査は龍谷大学の江南和幸先生や岡田至弘先生の支援を得て行っています）。高山寺本の『篆隷万象名義』は永久二（一一一四）年に書写されたものです。当時、寺院で用いる紙は楮紙が普通です。コウゾの樹皮を材料にします。雁皮紙はミツマタの繊維を材料にする高級紙です。光沢があり美しいものです。『篆隷万象名義』は鎌倉時代の初期には高山寺にあったことが記録から分かっています。

高山寺のお坊さんはいろんな辞書を利用していたことが、経典や作法書への書き込みからわかるんですが、『篆隷万象名義』を利用した形跡はほとんど見つからないのです。そういう利用の実態からすると、『篆隷万象名義』が貴人への献上本だったという説があるのも、十分にうなずけます。

以上の三つの研究をやっているんですけれども、漢字学に関しての成果としては、二つあります。

一つは、先ほどお名前を出させていただいた石塚晴通先生が中心として構築された、「漢字字体規範史データベース」、略称はＨＮＧというものです。これは、一〇年ぐらいかけて構築をし、公開しているものであります。以前は、上智大学の豊島正之（とよしままさゆき）先生が東京外国語大学アジア・アフリカ言語文化研究所にお勤めの頃にインターネットでの検索サービスを提供していましたが、現在は、提供を中断しています。それにかわって、京都大学人文科学研究所の守岡知彦（もりおかともひこ）先生のＣＨＩＳＥプロジェクトで検索できます。

もう一つは、私の専門は古辞書ですので、すべての古辞書は無理ですが、平安時代の古辞書について、総合したデータベースを作ろうとしております。「平安時代漢字字書総合データベース」、略称はＨＤＩＣというふうにしました。これは、ＨＮＧをちょっとまねしたんですけれども、北海道大学で行っている研究なので、Ｈもちょっとかけているというようなわけであります。

ＨＮＧやＨＤＩＣを使うとどんなことを調べることができるでしょうか。ＨＮＧでは漢字の字体について、中国の南北朝時代から宋時代くらいまでの写本や版本、日本の奈良時代から室町時代頃までの写本や版本では「髙」（はしごだか）が一般的で、「高」は皆無に近いことがわかります。ＨＤＩＣでは平安時代の漢字字書で「髙」が一般的であったことが見出し字の画像検索で確認できます。発音や意味の説明をみることもできます。

漢字学の未来へ向けての提言

次に、「古辞書研究からの提言」ということで、未来について何か提案的なことを、ちょっと硬い言い方になったかもしれませんが、三つ挙げておきます。

1　長期的観点に立った基礎的研究の推進と後進育成
2　文字処理技術の進展による多漢字文献研究の拡大
3　日本伝存資料の特徴を踏まえ諸分野の成果を集約

一番目は、研究や教育に関心のある多くの方が身をもって感じていらっしゃると思います。

長期的な観点で研究を進めていくことです。特に、基礎的な研究ですね。文字学、小学、訓詁（くんこ）学というのは、非常に基礎的な研究ですので、これは長期的な観点で進めていって、また、後進を育成していくことが、非常に大事ではないかと思います。

日本漢字能力検定協会では、若手の方に漢検漢字文化研究奨励賞を出していらっしゃいます。ほんとにすばらしい仕事をなさっているなあ、というふうに考えておりますので、今後も進めていただければと思います。

長期的観点というのも、五年、一〇年ではなくって、やはり五〇年とか一〇〇年とかですね。その先を見据えた観点が必要ではないかな、と思います。

二番目は、文字処理技術の進展による多漢字文献研究の拡大ということです。

現在は、文字情報処理技術が相当に進んでおりますので、それによって、多くの漢字を持つ文献、「多漢字文献」というふうに言っておりますけれども、その研究が広がっています。日本もそうだと思いますけれども、海外でも、いろんな漢字文献がどんどんデジタル化されて、検索できるようになっています。その結果、いろいろと新しい発見もありますので、こういう分野にもっと力を入れていいんじゃないか、と思います。そのためには、いいテキストをデータ化して、校正もきちっと行う、ということが必要になってくるわけです。

三番目は、日本伝存資料の特徴を踏まえて、諸分野の成果を集約することです。

これは、先ほど申し上げた高山寺の調査もちょっと関連するんですけれども、日本には、古い漢字漢文の資料がたくさん残されています。これは、世界に誇るべきものだと思います。ただ、それらの中には、公的な図書館に所蔵されているものもありますし、寺院や神社や、あるいは個人が持っていらっしゃるものもあります。それぞれ利用できる条件が違いますので、それを踏まえながら利用する必要がある、ということが一つあります。

それからもう一つは、ご先祖様の悪口みたいになってしまうと困るのですが、昔の人の中には、漢字の知識を充分持っている人もいるし、そうでない人もいらっしゃいます。そこで、特に写本には、一見すると間違っていると思われる漢字も出てきます。しかし、そういうものの中には、たしかに間違いだというものもあるんですけれども、中には、古い漢字の使い方を伝えているものもあります。そうした点については、古写本を残している日本、そこの研究者がちゃんと研究していく必要があるんじゃないかな、というわけです。

『篆隷万象名義』をデータベース化する

今日はあまり時間がないので、私がどんなことをやっているか、ちょっとだけ紹介をしておきます。

先ほど述べました、「平安時代漢字字書総合データベース」とは、平安時代に作られた辞書類をデータベース化していく仕事です。まず中国の辞書をデータ化して、それを土台にして日本の辞書に取り組んでおります。

図1　『篆隷万象名義』
（高山寺所蔵、第一帖の冒頭部分）

図1は、高山寺所蔵の『篆隷万象名義』です。先に説明したように、弘法大師空海が編纂したもので、一万六〇〇〇字ほどの見出し字があります。見出し字は大きく書いてあります。書名の最初の二文字「篆隷」は「篆書」と「隷書」ということです。「篆書」は中国の秦代以前の書体ですが、秦の李斯がそれまでの「大篆」を簡略にして「小篆」を作ったとされます。後漢の許慎の『説文解字』（紀元一〇〇年成立）は「小篆」を見出し字にしています。「隷書」というのは、「篆書」を簡略にしたもので、漢代には篆書にかわって使われることが多くなり、発

展していきます。現在の楷書が出来上がるのは、隋～唐代の頃ですが、空海が中国に留学していた九世紀前半の唐の時代には隷書と言えば、今言うところの楷書でした。

『篆隷万象名義』には難しい漢字が多く使われていまして、以前はこれを印刷するのはとても無理でした。私が北海道大学でご指導いただいた宮澤俊雅先生（現在、北海道大学名誉教授）は、『篆隷万象名義』の「掲出字一覧表」を一九七七年に東京大学出版会から出た『高山寺古辞書資料第一』で公表されています。これは手書きの原稿をそのまま印刷したものです。ところが、二一世紀に入りますと、『篆隷万象名義』に見えるような難しい漢字でも印刷ができるようになりました。中国の上海交通大学にお勤めの呂浩先生の著作に『篆隷万象名義校釋』があります。『篆隷万象名義』の全文を活字翻刻して、簡単な注釈を加えた本です。これは、二〇〇七年の出版です。日本の研究者が何もしないうちに、中国の研究者が日本にある『篆隷万象名義』の全文活字翻刻を出したわけです。

こういうかたちで、今から四〇年ぐらい前は手書きするほかなかったものが、一〇年ぐらい前になると、コンピュータを使って印刷できるようになってきた、というわけです。

私が、これをデータ化しようと思ったのが、だいたい一九九〇年代の初めぐらいでした。誰もやらない研究なので、しばらくほっておいたのですが、そうこうしているうちに、中国の呂

```
TBID	TB_vol_radical	TB_radical	Entry	Entry_type	Entry_diff	TB_def	SYID	YYID	TB_remarks
1_016_A51	v1#1	一	一	Regular_seal		於逸反。少也、初也、同也。〔弌：古文。〕	a005a101		有埋字B。G01首
1_016_A52	v1#1	一	弌	Embedded_clerical		弌：古文。	a005b011		埋字B。
1_016_A53	v1#1	一	天	Regular_seal		泰堅反。顛也、巓也、君也。〔兲：古文。〕〔兂：古文。〕〔兲：古文。〕〔宎：古
文。〕	a005b012		有埋字B。泰：原作秦。
1_016_A54	v1#1	一	兲	Embedded_clerical		兲：古文。	a005b051		埋字B。
1_016_A55	v1#1	一	兂	Embedded_clerical		兂：古文。	a005b052		埋字B。
1_016_A56	v1#1	一	兲	Embedded_clerical		兲：古文。	△		埋字B。
1_016_A57	v1#1	一	宎	Embedded_clerical		宎：古文。	△		埋字B。
1_016_A61	v1#1	一	元	Regular_seal		魚園反。大也、始也、首也、長也。〔元(seal)：古文。〕	a005b053		有
埋字B。
1_016_A611	v1#1	一	元	Embedded_seal		元(seal)：古文。			埋字B。篆書字形。
1_016_A62	v1#1	一	丕	Regular_seal		普坻反。丕也、大也、多也。	a005b071
1_016_B11	v1#1	一	吏	Regular_seal		理致反。使也、君所使也。〔吏(seal)：古文。〕三吏、三公也。	a005b072
	有埋字B。
1_016_B111	v1#1	一	吏	Embedded_seal		吏(seal)：古文。			埋字B。篆書字形。吏(seal)：呂作⿱⿱山一⿱口又。
1_016_B31	v1#2	上	上	Regular_seal		時讓反。前也、遠也、君也、登也。〔丄：古文。〕	a005b101		有埋字B。
1_016_B32	v1#2	上	丄	Embedded_clerical		丄：古文	a006a011		埋字B。
1_016_B33	v1#2	上	帝	Regular_seal		都麗反。君也、諦也、天也。〔帝(seal)：古文。〕〔帝(seal)：古文。〕
a006a012		有埋字B。
1_016_B34	v1#2	上	帝	Embedded_seal		帝(seal)：古文。	a006a031		埋字B。篆書字形。
1_016_B35	v1#2	上	帝	Embedded_seal		帝(seal)：古文。	△		埋字B。篆書字形。
1_016_B41	v1#2	上	旁	Regular_seal		薄唐反。側也、方也。〔雱：古文。〕〔旁、旁、旁、旁、⿱⿱⺈二方：皆古文帝(帝)
旁。〕	a006a032		有埋字B六字。帝：帝之異体、衍字。
1_016_B42	v1#2	上	雱	Embedded_clerical		雱：古文。	a006a041		埋字B。掲出字：原作⿱⿱罒刀、呂作⿱八方。
1_016_B43	v1#2	上	旁	Embedded_clerical		旁：（皆古文。旁。）	b004a083		埋字B。掲出字：據呂《校釋》。宋
本《玉篇》宀部。
1_016_B44	v1#2	上	旁	Embedded_clerical		旁：（皆古文。旁。）			埋字B。呂作⿱二冖方。
1_016_B45	v1#2	上	旁	Embedded_clerical		旁：（皆古文。旁。）	a006a043		埋字B。掲出字：據呂《校釋》。
1_016_B46	v1#2	上	旁	Embedded_clerical		旁：（皆古文。旁。）	a006a042		埋字B。掲出字：據呂《校釋》。
```

図2　篆隷万象名義全文テキストデータベース
（githubで公開したデータの一部）

浩先生が全文活字翻刻を出されたのです。それでデータ入力の作業を再開しました。呂浩先生の本も大いに参考にしながら、二〇一四年の八月に全文の入力が完了しました。見出し字の数は約一万六〇〇〇字ですが、注の文章は約一二万字ありました。これは、データをインターネットでも公開しております。インターネットでの公開は、二〇一六年九月でした。こういう古写本の古辞書を全文解読して、そのテキストデータベースをインターネットで公開するというのは、他に例がないものだと思います。図2に公開したデータの一部を示しておきます。

『新撰字鏡』『類聚名義抄』のデータベース化

それから、写真の掲載は省略しますが、『篆

隷万象名義』に続いて全文テキストデータベースを公開したのは、『新撰字鏡』という古辞書です。一〇世紀の初めに、昌住（しょうじゅう）というお坊さんが作ったものだとされています。弘法大師空海の『篆隷万象名義』は、漢文で書かれていて日本語は出て来ないんですけれども、『新撰字鏡』になりますと、ちょっと日本語が入っています。しかし、中心は、中国の辞書をだいたいそのまま引き写したものであります。

これは宮内庁書陵部にございますものを、先ほど申し上げた『篆隷万象名義』データベースで入力したデータを活用して入力しました。見出し字が二万四〇〇〇、注が一八万字くらい。二〇一五年三月に、全文の入力が完了しました。インターネット公開は二〇一八年六月二八日でした。これは直後に上海交通大学で東アジア古辞書に関する会議がありまして、それに招待を受けましたので、なんとか公開を間に合わせたようなわけです。

そのあと、平安時代の後半頃になりますと、カタカナが多く使われる資料も作られるようになりました。それが、図書寮本『類聚名義抄』です。これも宮内庁にございます。

これも、名前ははっきりしませんが、お坊さんが作ったもので、一二世紀初めの成立です。この図書寮本は、全部は残っておりませんので、項目としては三六〇〇項目くらいで、注がだいたい一三万字ぐらいです。これも一応、二〇一七年三月に、一通り入力が終わっておりま

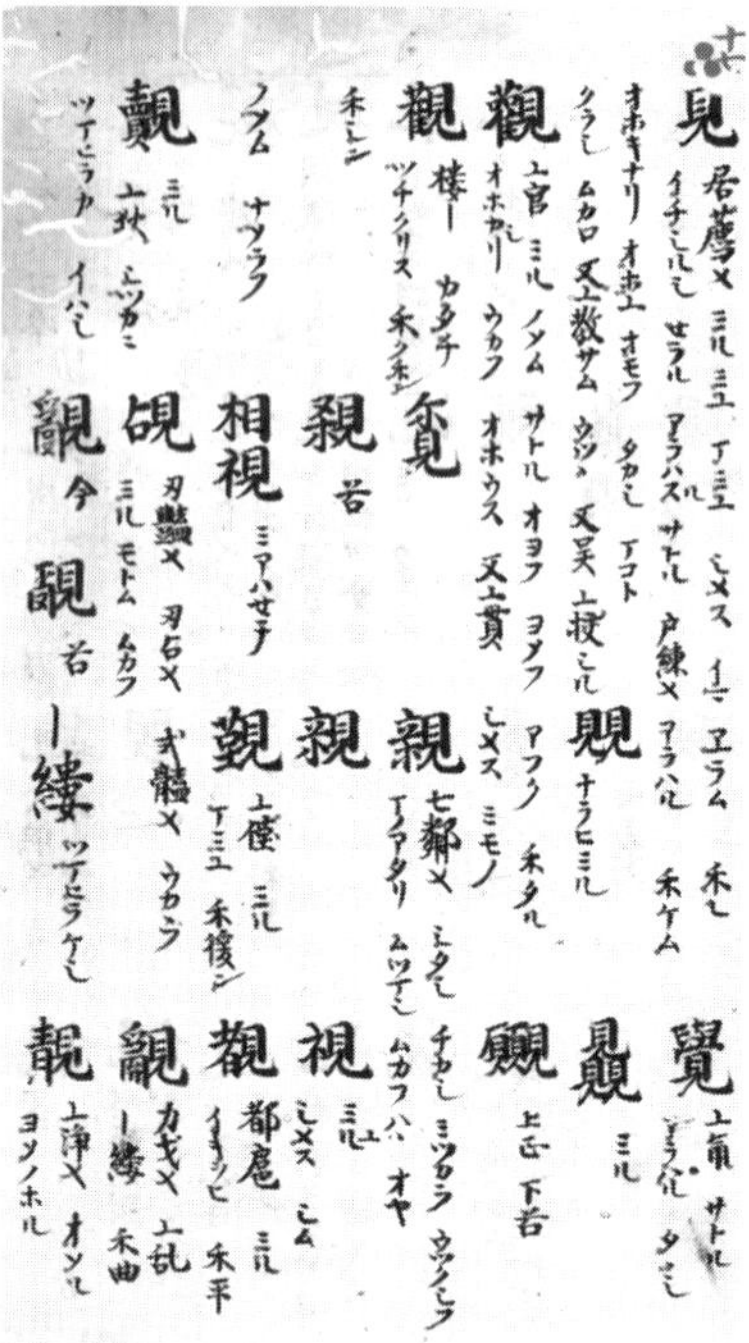

図3　観智院本『類聚名義抄』
(天理大学附属天理図書館蔵、見部冒頭)

す。私のところにいた、申雄哲さんという韓国人の留学生が、ほぼ全体を入力してくれました。

『類聚名義抄』には、完本として知られているものもあります。それが、観智院本の『類聚名義抄』です。こちらは、一二世紀後半に作られたもの。観智院は東寺の塔頭寺院です。現在、天理図書館に所蔵されています。けっこう分量がありまして、三万二〇〇〇項目ぐらいあって、文字数は、概算ですけれど、三一万字ぐらいになるんじゃないでしょうか。二〇一七年三月に、全文の入力を終えております。

この観智院本『類聚名義抄』は今年(二〇一八年)になって高精細カラー版ができました。京都大学の大槻信先生が解説をご執筆です。カラー版の内容見本が版元の八木書店のホームページで閲覧できます。図3にその内容見本と同じ箇所を転載しておきます。

国際規格への登録

これらの古辞書の中には、もちろん、コンピュータで使えない文字がたくさんあります。それらは、ゲタ（〓）で入力したり、あるいは部品と部品を組み合わせて漢字を示すとか、異体字は通常の文字に直したり、というような形で入力しております。しかし、いずれは、そういったものを含めて、すべてパソコン上で検索したり、表示したりすることができるようになるんじゃないかな、と考えております。

現在、コンピュータで使う文字というのは、国際的な規格として定められています。そこに登録するためには、複数の資料に使われているということが、非常に重要な理由になります。日本の古い辞書に載っている漢字が、中国や韓国の古い資料にも載っている、ということになりますと、それだけ、コンピュータで使える文字を定めた国際規格に登録されやすくなります。

ということで、私が生きているうちに観智院本『類聚名義抄』の文字が全部登録される、ということはないと思うんですけれども、もしかしたら五〇年後ぐらいには、観智院本『類聚名義抄』の文字をすべて、パソコン上で検索したり、表示したりできるようになるのかもしれない、という夢を持っております。

以上、だいたい、私の研究をお話しさせていただきました。どうもありがとうございました。

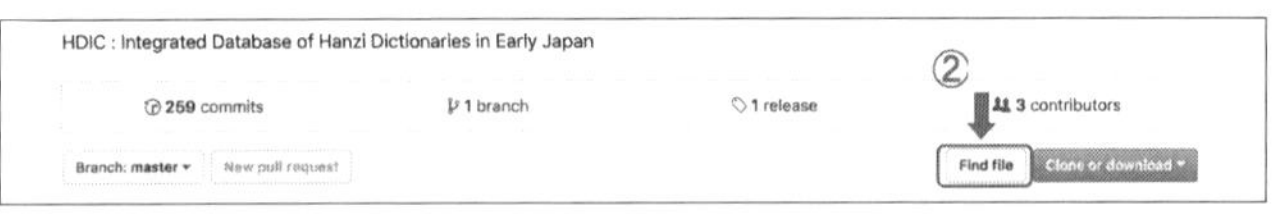

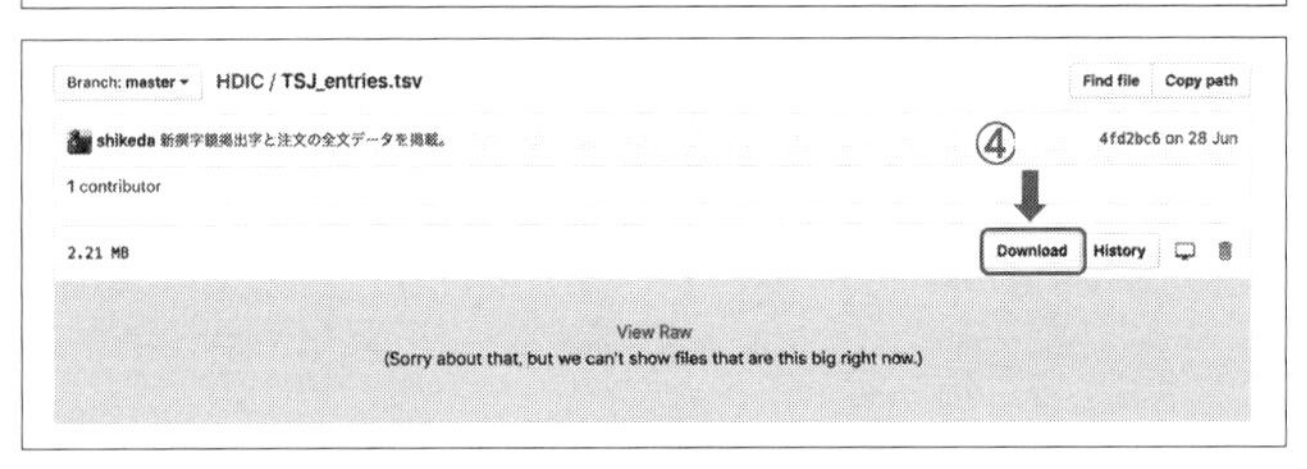

の全掲出字（TSJ_entries.tsv）と全注文の翻刻テキスト（TSJ_definitions.tsv）を選択しています。『篆隷万象名義』であれば、KTB.txt を選択します（拡張子が txt ですが、ファイルフォーマットは TSV 形式です）。

④「Download」のボタンをクリックします。（図下）

公開したファイルのフォーマットは TSV と呼ばれる形式です。タブで区切られたテキストファイルですので、エクセルなどのソフトウエアに取り込むことが簡単にできます。興味を持った方は、一度お試しください。

◆公開したデータの入手方法について◆

公開した古辞書の全文テキストデータの入手方法、ダウンロードの仕方を補足しておきます。このプロジェクト「平安時代漢字字書総合データベース」のホームページは、

https://hdic.jp

です。このページにダウンロードのページの案内がありますが、直接ご覧になる方は、

https://github.com/shikeda/HDIC

にアクセスしてください。

github はコンピュータのアプリケーションを開発する際に作成する複数のプログラムの維持・管理に便利なツールですが、データの修正の履歴を残すのにも使えます。ちょっと使いにくいのですが、データの修正の履歴をすべて保存できるのは、データの質を保証する意味で意義が大きいと考えて、使用しています。ダウンロードだけならそれほど難しくないので、次にその手順を説明しておきます。説明は李媛（りえん）さん（京都大学人文科学研究所・日本学術振興会外国人特別研究員）が作成されたものをお借りしました。

① github のページ（https://github.com/shikeda/HDIC）を開きます。
② 「Find file」のボタンをクリックします。（図上）
③ HDIC 公開データ一覧からダウンロードしたいファイルを選択します。（図中）ここでは天治本『新撰字鏡』

3 韓国人の世界観と漢字

小倉　紀藏

小倉と申します。私(わたくし)は朝鮮半島の主に思想を研究しているんですけれども、朝鮮半島っていいますと、ご存じのように、近代に入るまでは、ほぼ漢字一辺倒でやってきました。もちろん、一四四三年に、訓民正音(くんみんせいおん)という、いまハングルと呼ばれている文字を開発しましたので、固有の文字自体は一五世紀から持っているわけですけれども、それが使われる範囲は非常に限定されておりました。特に、男性の知識人が使う文字というのは、二〇世紀にいたるまで、ほとんど漢字だったわけです。

日本と比べて特徴的なのは、古代の国家、特に新羅(しらぎ)においては、日本の訓読法や万葉仮名に似たシステムが発達していたにもかかわらず、それがその後ほぼ消滅してしまった、という事情があります。つまり、日本では、おそらく朝鮮半島からの影響によって、中国語である漢文を、日本語の文法どおりに読む技法（訓読）が発達しましたし（これに関してはぜひ、金文京（きんぶんきょう）先生の『漢文と東アジア』、岩波新書をお読みください）、また万葉仮名も発達しました。それが平安時代になると仮名という独自のシステムに移行するのですが、朝鮮半島においては、訓読や漢字による自国語語彙の表記システムがそのまま発達せず、高麗（こうらい）時代以降になると逆に廃れていってしまうのです。

この理由としては、いくつか挙げられています。一つは、新羅語の場合、特に朝鮮半島統一後に中国語の発音が大量に流入してきて、発音体系が複雑化していきます。それにより、日本語の仮名のように少ない字母の数では新羅語音を表記できなくなってしまった。それを表記できるような複雑なシステムを発明することができるようになるのは、中国および朝鮮での言語学が発達した一五世紀を待たなくてはならなかった、というものです。もう一つは、新羅後期から高麗時代以後に朝鮮人の漢文能力が飛躍的に高まり、「朝鮮臭」のない完璧な漢文を自在に操れるようになったことにより、特に知識人層では漢字への帰依がさらに高まった、というものです。

私は思想を研究しておりますので、字の形ですとか音韻だとか、そういうことについては、あんまりよく知りませんし、関心もあんまりないんです。では、何に関心があるかというと、漢字を使っている人たちと、それから漢字でない文字を使っている人たちの世界観の違いです。

朝鮮半島では、北朝鮮、つまり朝鮮民主主義人民共和国は一九四五年に解放されて、四八年に国ができて、そのあとすぐ五〇年代には漢字が全廃されました。これは、完全に朝鮮文字（ハングル）だけで自国語を表記するということですね。

韓国の場合はちょっと複雑で、四八年の建国の時点でもうすでにハングル、いわゆる訓民正音を専用するという宣言は出したんですけど、実態はそこまでは行かずに、ずうっと漢字を使っていました。漢字とハングルを交ぜた文章を書いて、読んでいた、というわけです。しかしながら、この一〇年くらいは、漢字は、日常的にはほぼ使われなくなってしまいました。

とすると、今の韓国人も北朝鮮の人も、漢字に対する知識は、伝統的な朝鮮の人から比べると圧倒的に少なくなってしまっている。ハングルというのは表音文字です。音声を表記するものですね。そういう文字を使っている人たちと、漢字を使っている人たちの世界観がどう違うのかっていうことが、私の主な関心の的なんです。

朝鮮王朝時代の儒教、主に朱子学になりますが、儒教を奉じていた人たちと、現代のたとえばＫ－ＰＯＰをやるような、伝統的な儒教とはまったく違う世界観を持っているような人たちとのギャップを知りたくて、ずっと研究しているんです。

韓国人の漢字能力

ここで、事実的なことを申し上げておきます。日本の方にちょっと誤解があるんじゃないかなと思いますので、確認しておきましょう。

確かに現在の韓国のふつうの人たちは、漢字の知識が非常に不足しております。よく言われることは、自分の名前の漢字も書けない人がいる、と。これは事実です。住所も、漢字で書けない。自分の所属している大学の名前も、漢字で書けない。そういう人がたくさんいるっていうことは、事実なんですが、じゃあ、韓国人全体の漢字リテラシーが、非常に低いかというと、これもちょっとまた難しいところで、そうでもない。

というのは、韓国において、漢字推進派＝漢字を使わなくちゃいけないという学者と、ハングル専用の学者というのが、ものすごい闘いを、死闘と言ってもいいくらいの闘いを、何十年もずっとくり広げていて、時代によってどちらの勢力が強いかということで、漢字を教えたり、あるいは漢字を教えなかったりするからです。

現在は、ふつうの学校では、中学、高校の間にだいたい一八〇〇字、漢字を教えている、というふうに言われています。ただ、これは学校によっても違うし、地域によっても違います。我々のこの地域では漢字をたくさん教えるんだという、そういう地域もあります。だから、一概には言えないんです。

それから、韓国人は、中国語学習者が非常に多いですね。また、昔に比べて少なくなったとはいえ、日本語学習者も多いんです。こういう人たちは、もちろん漢字の知識はあるわけですね。というふうに考えると、自分の名前も漢字で書けないような人が結構いるから、韓国人全体が漢字が書けないんだ、って言ってしまうと、ちょっとそれは語弊があります。

さらには、漢字を使った研究をする、たとえば儒教研究者ですとか仏教研究者ですとか、そういう人たちの漢字、あるいは漢文リテラシー、読み書き能力は、非常に高いです。それ専門の伝統的な教育を行う機関がたくさんありまして、四書五経の五経までは行かないけれど、四書（大学、論語、孟子、中庸）は少なくとも全部暗記するっていう、そういうような「書堂」と言われている施設が今でもよく機能しておりますし、若者がそういうところに三年間こもって、少なくとも四書を全部暗記する。そういうことが現在でも行われておりますので、漢字や漢文の読み書き能力は低くはありません。

だけれども、社会全体的に言うと、ハングル専用派が強いということは確かです。

表音文字は民主主義的か?

私がここで、主に知りたいのは、文字というものと社会との関連性です。西洋の人たちは、音声中心主義であればあるほど、民主主義的であると、よく言います。そういうようなことを昔から言ってきましたし、今でもそういう学者が多いと思います。つまり、ギリシャ時代に書かれたものが、今でもその音声を再現できて、音声を通して思想の内容にアクセスすることが圧倒的に簡単なアルファベット、あるいは表音文字、そういうところでこそ民主主義は花開くんだというような、そういうような議論があるわけです。

日本の戦後も、漢字っていうものと、民主主義って言っていいかどうかわからないけれども、開かれた文化というものとの関係性がかなり議論されたわけですよね。

ただし、日本の戦後の漢字廃止論者、制限論者は、自民族の文化を尊重しないわけではないがむしろ西洋文明を礼賛する人が多かったでしょう。これに対して、韓国のハングル専用論者は、自民族の文化を自尊する傾向の強い「文化ナショナリスト」です。中国文明からの離脱、という文脈でハングル専用を主張している人たちが多いのです。そしてこの人たちの多くは、政治的には左派です。左派といえば、韓国の民主化を推進してきた勢力です。かつての独裁政権に立ち向かい、民主化闘争を主導してきたのが左派です。そしてこの左派というのは、文化ナショナリストです。中国文明やアメリカ文明という支配的な勢力から距離を置くことを唱え、北朝鮮との宥和を推進するのが韓国左派の特徴です。

彼らのアイデンティティは、「国家より民族」です。北朝鮮と敵対する国家主義的な狭い意味での韓国ではなく、同じ民族どうしが融和的に共存する民族主義的な広い意味での韓国を理想とします。こういうわけですので、ハングル専用と民主化と民族主義と対北朝鮮宥和という軸が、「左派」という政治的な立場において一致するのです。それともう一つは、四〇個の字母を覚えさえすればすべての語彙を読み書きすることのできるハングルこそ、アルファベットとともに世界でもっとも民主的で平等主義的な文字である、という文化的自負があります。

たしかに、韓国で言えば、今、社会が非常に民主主義的であると言えると思います。そうすると、漢字を忘れていく過程と、民主主義化していく過程が一致している、とも言えるけれども、北朝鮮は一九五〇年代から、完全に漢字は廃止しているにもかかわらず民主化はできていないわけですから、こういう社会をどう捉えるのか、ということも非常に難しいところです。

朝鮮語の音声構造

もう一つ、事実として重要なのは、あとでベトナムの話が出て来ると思いますけれど、なぜ朝鮮半島では漢字を必要としなくなったのか、ということです。

朝鮮語の場合は、音声の構造が非常に複雑で、母音の字母が二一個あって、子音の字母が一九個あります。そして、音節が閉じている、つまり子音で終わっている音節が非常にたくさんあります。子音で音節が終わる、その最後に来る子音の種類は、中国語よりずっと多くて、音声としては七つあり、表記としては二〇以上あります。

このように音声の構造が非常に複雑だと、同音異義語というものを回避できる可能性が非常に高くなるわけですね。だいたい今、韓国人が日常的に使っているハングル文字の数は、二二〇〇から二四〇〇個くらいだと言われています。二〇〇〇個以上の文字を使い分けながらコミュニケーションをするわけですから、日本語よりは、正確な伝達ができるということは、言えると思います。だから、逆に、漢字を使わなくてもいい、使う必要がないという、そういう方向に傾きがちであるということなんですね。

それにしても、あれほど漢字に依存した文化を花開かせてきた朝鮮半島で、今これだけ漢字が衰退しているというのは、非常にもったいないことです。心ある人たちは、それを嘆いております。韓国でも、日本でも。

私は韓国のシャーマニズム研究からはいって、次に朱子学に行きました。つまり、社会の底辺層の信仰からはいって、最上層の理念体系に行った。このなかで、朝鮮の伝統は日本よりも圧倒的に漢字および中国文明の影響を強く、深く受けているという思いを強くしました。シャーマニズムは最底辺層の信仰ですが、植民地時代に採録されたシャーマンの巫歌などを見ても、儒教・仏教・道教の知識や語彙を知らなければ、まったく理解できない内容のものです。漢字を知らない現代韓国人が、たった数十年前の巫歌を読んでも、意味をとることは全然できないでしょう。朱子学はいわずもがなです。現代韓国人が漢字を捨ててしまうことで、こういう自国の文化まで事実上半ば捨ててしまう、ということは大変ゆゆしいことだと思います。

ですから、この学会を契機として、ぜひとも、韓国、北朝鮮の人たちにもう一度、漢字に戻っていただきたい、という提言も含めて、対話をしていくことができたらなあ、というふうに思います。

このくらいで私のお話は終わらせていただきます。

4

漢字研究の広がりと可能性

笹原　宏之

早稲田大学の笹原宏之です。

私(わたし)は、日本語学の分野で文字・表記、特に漢字の字種、字体、表記に関することを専門としております。ただ、大学の学部時代は中国文学、中国語学を専攻し、漢字学を学んでおりました。これまで自身が行ってきたことの中から、特にこの新しい学会に関連しそうなことをお話ししていきたいと思います。

私はこれまで、さまざまなことを調査、研究してまいりました。見いだせた事実も些細なことながらいろいろあったように思うのですが、そういうものを種としてさまざまなところに蒔き、人々の漢字に対する意識というものをかき混ぜてみるということもやっている、そんなふ

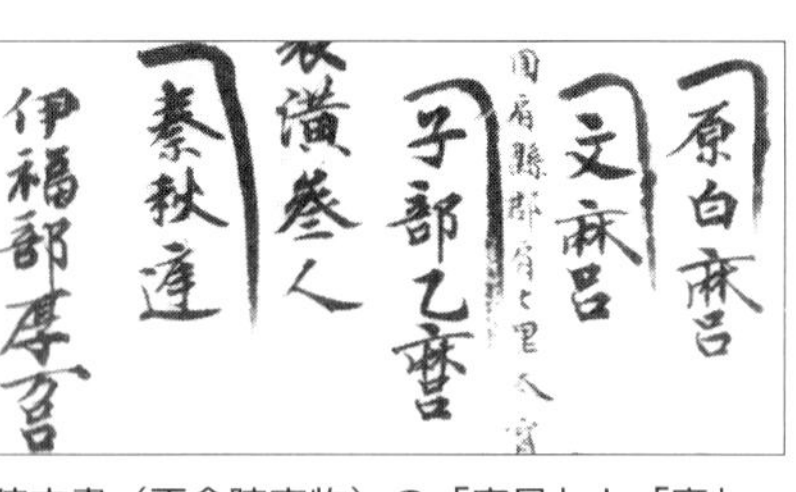

正倉院文書（正倉院宝物）の「麻呂」と「麿」
（写後書所解布施按、天平 19〈747〉年7月1日）

うにも考えております。

私の一番の専門は、日本製漢字、いわゆる「国字」というものの歴史と現状ということになります。そこで、こんな事実を見いだせたということを一つ紹介しますと、正倉院文書に、「麻呂」という万葉仮名が出てきます。それが、天平あたりの例（右上の図）になると、「麻」「呂」が少しくっついてきているということが見て取れます。やがて、文書の性質や崩し字ということもあってか完全に一文字にくっついているような例が見いだせます。一つの「国字」ができた、万葉仮名から合字ができたことがうかがえるわけです。こういうようなことも、古い時代のこととして調査研究をしております。

「字誌」を描くということ

私の現在の主な研究領域、立脚点は、先に述べたとおり日本語学であります。「国語学」という名称で大学や院で習っていたものですが、最近では、国際的な観点から「日本語学」ということの方が増えてきたと思います。私は、「国字」、言い換えると日本製漢字というものを中心に勉強しているわけですが、特に「字誌」というものをできるだけ描きたい、と思っております。

一つの字が、いつ、誰によって作られたのか。それは文献上解明できなくても、どうしてそれが、中国に典拠がないのに、日本で使われるようになっていったのか。そういう歴史的な経緯を選り好みなどせずに、資料性を確かめながら膨大な文献から調べていくことは、相当な手間がかかります。その時代の文化や社会というものも、背景として研究しなければいけない。

さらに、国字という文字は、やまとことばを書き表すことが多いわけですが、その語に対する「表記誌」というものも記述していかなければならない。これはさらに大変で、他の論文数本くらいのエネルギーを、一本の字誌を書くために使うことさえあるので、まだ一〇余りの表記誌と字誌しか記述できていないという段階ですが、そういうものを時々、発表しております。『国字の位相と展開』『日本の漢字』『謎の漢字』といったような小著に、そういう成果をダイジェストを含めて載せて、見落としなどないかと広く御批正をあおいでいるところであります。過去の方々のこれに類する成果を読むにつけ、その時代に可能なところまで示しておくことが次の世代への貢献となるということを実感します。

具体的には、たとえば、「リンパ腺」の「腺」です。これは二〇〇年ほど前に宇田川榛斎

（玄真）という蘭学者が作って自身しか使わない個人的な文字でした。それが、しばらくして周りのお医者さん、各地のお医者さんたちが使う集団文字となりました。さらに中国や韓国などでも使われています。そういう変異を示す文字のことを、私は語彙論で蓄積された先行研究を参考にして「位相文字」と呼んでおります。そして、八年ほど前に「腺」が「常用漢字表」に採用されていく過程を、その審議会や打ち合わせ会の中で見届けました。こうした時代による種々の展開というものが見てとれます。

同じときに宇田川榛斎が作った「膵臓」の「膵」は、「腺」ほどは広がらなかったのですが、最近、『君の膵臓をたべたい』という小説や映画がヒットして、この字も大学生たちはだいぶ書けるようになってきました。

漢字の広がりと偏り

また、「氵（さんずい）」に「墨（墨）」を書く「澷」という国字もあります。この字については、細かい字体がどうのという観点もありますが、そういうことは歴史上、実はあまり問題とされてこなかったので、字誌の記述においては、そういうふうに淡々と記録します。この字は、やはり一二〇〇年ほど前に林述斎という漢学者が作ったものでした。漢学者が国字を作るという、非常に矛盾したとも考えられることをしていますが、「隅田川（すみだがわ）」を漢語風に表現するために作ったわけです。それがいったん廃れそうになるのですが、幕末に成島柳北（なるしまりゅうほく）が文章に使って復活させます。そして、柳北の没後、永井荷風が『濹東綺譚（ぼくとうきたん）』などを書いて再度復活させました。そうしたことによって、一般の人も知るようになり、ついに辞書にも載ったのでした。こういった国字の歴史的な展開に関する経緯も調べております。

「米へん」に「千」と書く「粁」は、「キロメートル」と読みますね。これは、明治時代に中央気象台が作りだしたものです。それがどのように広まり、そしてなぜ現在では、ほとんど使われないのか。そんなことも調べております。

「壗」「墹」「圸」は、全部「まま」と読む国字で、東日本の方言で「がけ」のような地形や田んぼのあぜ道の斜面の類を表すものです。こういう地域性をもった字がどういう地理的な分布を示すものか、これらを「地域文字」「方言漢字」と称して、その実態と歴史的、社会的、文化的な背景とともに調べております。

「蛯」は、「えび」と読む字ですが、これも日本製の漢字です。漢和辞典では「国字」の一言で終わっていますが、北海道では、今でも「蛯天（えびてん）」などというようにこれを当然のものとして使っている人たちがいることを、カメラとメモ、録音機を携えた実地調査で確認しました。表記や用字にそういう地域性が観察できるわけです。そして、鎌倉時代までの文献にこういう字は見つからない。どうも「蜡（えび）」が室町時代、「蛯」は江戸時代の初めあたりに現れた字のようなのです。そして、この字を「えび」と読める人は、一〇年以上前の調査ですけれども、大学生の間でも格差がありまして、男子よりも女子の方がよく読める。なぜかというと、エビちゃん（モデルの蛯原友里（えびはらゆり）さん）が人気だったから、ファッション誌を読むからといったジェンダーや特定の趣味を共有する集団による違いが、意識調査によって浮き彫りになりました。こういう現象についても、目的に合わせて必要な調査方法を選びながら追究しております。

他には、いわゆる「当て字」のように用例採集と分析に手間を要するものなどに関しても同様に調べています。一つの事柄をしっかりと捕捉するためには、大局を押さえるだけではなく、個別の事実を知ることも不可欠です。それで全体の大きなうねりを知ることになるはずですし、また大きな変化の原因を知るためにも大事なのです。無駄に見えても裾野を広げておくと、考察の際などに思わぬところでつながってくることがよく起こります。

他の学問分野との連携

調査法としては、先に少し触れたように目的や種々の制約によって文献調査、面接調査、通信調査、アンケート、フィールドワークなど、さまざまな方法を採り入れています。日本語学が私の主な研究分野ではあるのですが、効率性は低くとも効果的で実証性に富む、さまざまな他の分野の研究を採り入れたり、いろいろな異なる世界の方々と共同研究したりすることによって、解明できることの幅を広げようといつも努めています。

たとえば、認知心理学の方とは、「竜」と「龍」という二つの漢字があるけれども、どちらになじみを感じますか（よく見かけますか）、どちらが使いたい（好き）ですか、といったことを調査させていただきました。すると、学校で習う漢字は簡単な「竜」であるにもかかわらず、「龍」の方が好きだ、という人の方が多い。日頃の観察や内省の結果を裏付けてもらえました。教育効果とは何か、ということにもなりそうですが、やはり形から受ける印象、それを語感になぞらえて「文字感」とか「字体感」と私は名付けていますが、そういうものを日本の文字では無視することはできないということが、共同研究の中でしっかりと理解できるようになりました。

そして、こういうことにも心理だけでなく、生理、物理、地理などが因子として絡み合っていることが窺えます。そうして「龍」の方が強そうだ、凧に書くならばこちらというような個別の回答と傾向がさらに現れてくるのです。一方、「竜田揚げ」や西洋のドラゴンは簡単な方とか、さまざまな意見が出てきます。これも漢字圏において日本だけに顕著に起きる、字面に対して意味やイメージを重視する特異な現象と言えます。

日本医学会からも声を掛けていただいて、医学用語、たとえば「頸椎（けいつい）」は「頚椎」のままでよいか、「憂鬱」の「鬱」をどう表記しようか、どう簡易化できるかといったことを、一緒に考える機会もあり、研究の応用力を試されました。

また、さまざまな職種の現場の方に助言をいただいて研究を進めることもあります。「すし」には、「鮨」と「寿司」という二つの表記があり、いわゆる正書法が定まっていない中でどちらが間違いということはないのですが、これもランダムに選ばれるものでもない。さらに、近畿地方だと、どちらでもなく「魚へん」に「乍」で「鮓」という字も根強いのです。同じ語を表記する字がどうして二つも三つもあるのでしょうか。課題は身近なところにたくさん残されているのです。

こうした事実を中国の研究者の方に話したときに、経済的ではない、表記は一つに統一すべきだと言われました。しかし、日本ではこれはこれで経済と関わっています。たとえば、どっちの方がおいしくて高そうに見えるでしょう。ほとんどの方が「魚へん」の「鮨」と答えます。近畿では「鮓」となるのですが、どこで聞いても、だいたい「寿司」ではないという答えが返ってきます。「寿司」の方は回転していそうだ、ということまで言われます。「すし」はもっと安いとされます。これは、行動経済学やマーケティングに関わることだそうで、さらに専門の方々と一緒に研究を進めたいと思っています。

また、政治と関わることの検討にも着手しました。議員の選挙のポスターで「笹原宏之」と「笹原ひろゆき」の二人がいた場合、あるいは「ささはらひろゆき」、カタカナだけの「ササハラヒロユキ」もいた場合、誰に投票したくなるか。もちろん、マニフェストなどはほぼ同じという場合です。大学やカルチャーセンターなどで、さまざまな年齢層の方に聞いてみたところ、衝撃的だったのですが、若年層は、「笹原ひろゆき」という交ぜ書きが一番で、高齢の方々は漢字だけで書いてある「笹原宏之」に投票する人が最も多い、という傾向が事実としてわかりました。これは民主主義の根幹を揺るがす現象ですが、こんな文字種による選択行動まで起こっていたことが判明したため、これは研究せざるを得ないと、考えています。まだ日本語学や漢字学の分野では誰も検討していないことだと思われます。

また、書道に関わることについても、「龍」の伝承古文の字形の派生の検証など、さまざまな研究を続けているところであります。

ほかにも、社会科学、自然科学を含めて、さまざまな研究領域の成果を採り入れようと努めているところです。生物学の方からも、新たな観点や思考法を学ぶことがあります。大学ではなかなか位置付けられない分野ですが郵便の歴史を研究している方からも意見や用例を伺いました。フォントデザインやペン習字は、実用の世界に近いですが同様です。あとはAIとかIT、機器による漢字認識などについても学ぶことがあります。出版業界や教育関係の方からも、さまざまなことを教わっています。とりわけ誤字や誤用に関しては、社会に多くを還元できますし発生原因が多岐にわたるので、分析、考察のしがいが非常にあります。

研究の国際化と情報化

日本は精緻な研究が各分野で行われています。一方でやはり外国での研究というものも、独自の発展を見せているので、外国語の専門書や論文は読むのに苦労しますが、さまざまな交流をしながら学んでいます。中国語学はもちろん、今、小倉先生からお話のあった韓国語についての学問や、これから清水先生からお話があるベトナム語学、さらには、西洋言語学など広がりがあります。

私は、雑誌『日本語学』などの編集委員も務めているのですが、特集で「世界の漢字研究」というものも組んでみました。もちろん、編集会議でやってみようというゴーサインが出たためですが、その結果、やはり国ごとに独自の漢字研究がかなり進んでいるということがはっきり現れました。中国語学界ではすでにわかっているのに、日本語学界には伝わっていなかった事実であるとか、西洋言語学の方法で扱わなければ気づかないような事柄というものも、その特集号に記述され、また読み取ることができます。

また、比較文字論という学問領域もあります。たとえば、『言語学大辞典』の別巻「世界文字辞典」の執筆をずいぶん前に依頼されたときには、漢字や日本の文字について相対化させるように苦心しながら書きました。小著『訓読みのはなし』でも、できるだけ諸外国との対照を試みましたが、研究内容は細分化されて日進月歩なので最新で確実な成果に追いつくことは困難です。海外の人たちとの交流はもちろん、小著や論文を、中国語、韓国語、ベトナム語、英語などに翻訳して外国で刊行することも行っています。こういうことにもチャレンジしていますが、それも外国の方々の協力を得て、その知見に学ばなくては、とても十分にはなしえません。

また、海外の学会に講演や発表で出かけた際にも、せっかくなのでいろいろ関連する仕事もしております。このあいだ、パリで日本語教育をしている方々の会に呼んでいただいたときに、「男女男」と書いて「なぶる」と読む「嬲」という漢字について、日本語を学習している人たちに、「これはどんな意味だと思う?」と尋ねてみました。すると、一人の女子学生が「まもる」

と答えました。ちなみに、この方はルーマニア系のパリジェンヌだそうです。こういう、国による発想の違いということは、現地を訪れて地元の人々と関わり、聞き出し、比較してみないとなかなか見いだせないものです。そういうところにも、どんどん踏み込んでいきたい、と願っております。

研究の情報化ということについても、今後、より対応していかなければいけないと考えます。ここまで述べてきたとおり、課題の解明のためにさまざまな研究方法が開拓されてきたわけですが、電子情報というものをしっかりと構築して活用することは、現在では避けて通れません。

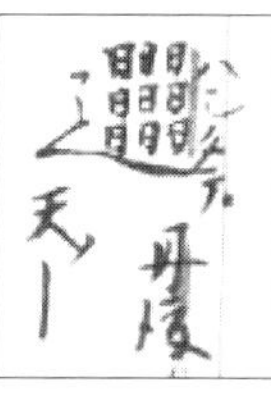

天橋立を表す国字。
右、元亀二年本『運歩色葉集』より（京都大学附属図書館所蔵）。
左、江戸中期『詞林三知抄』より（早稲田大学図書館所蔵）。

一例を挙げますと、私が今、研究していることなのですが、日本三景の一つ、京都の天橋立を、（右上の）図のような驚くべき字で書いた、室町時代以降の文献が複数あります。ここに示した二つは、どちらもインターネット上で閲覧することができます。電子化された情報媒体からも、こういう用例をだいぶ拾えるようになってきているのです。

こういう文字について研究発表したものは、電子媒体でもどんどん公開していかなければならない。また、資料や工具書、コーパスやデータベース、便利なソフト・アプリなどの開発と一般の利用に供するための公開、そういう社会的な使命もこの学会にはあるのだろうと考えております。

教育分野への研究の応用

以上は、主に研究そのものに関する話でしたが、研究を応用することについても、簡単に触れておきます。

勤め先の大学や大学院に限らず、幼稚園、各種の学校、日本語学校、市民講座などさまざまな場面での教育活動を通して、若い学習者、未来を支える人材を育成していくということも、重要だと感じております。あちこちでお話しさせてもらっていると、行くところ行くところで気付くことがあります。

たとえば、「完璧」という熟語の二字目を、「玉」ではなく「土」の「壁」と書いてしまう人が、勤め先の早稲田大学の学生には多いのです。もっと多い大学もありました。しかし、東京大学で教えたときに聞いてみたら、ほぼ全員が、きちんと下を「玉」で書いてきました。こういうところに差が出るのか、と感心しましたが、これも結局、社会的な集団、ある種の層による違いということになります。そのほか、漢検一級合格者の方々は、皆が「玉」の方で書けるということもわかりました。

また、小学生にお話をさせてもらったときに、クラス一のシュンソクってどんな字を書くか聞いてみたところ、「目へん」の「瞬」という答えが大勢から返ってきました。やはりこれになるんだと興味が深まりました。でも、これはアキレスっていう会社の靴のブランド名のシュンソクだね、と言うと、ああそうか、確かにその靴を履いて走っていました、という返答がありました。東大生でも「瞬」で書く人がいました。メーカーの作った当て字のような造語が音もなくだんだんと広がっていることがわかります。このように教育を通して、こちらも教わることが多いものです。

また、担当している漢検の漢字文化研究奨励賞の審査・講評なども、研究者を目指す若者に対しては教育の一環とも位置付けられそうです。

漢字研究と国語政策

以上のほか、研究の応用の大きなものとして、政策への寄与ということもあります。

学会や研究者は国などの政策にどこまで直接関わるべきかという議論は、当然あるかと思います。私もそこは慎重でありたい、と思うところはあるのですが、その一方で、政策に関わることによって研究者として得がたい経験をしたり学んだりすることも、大いにあります。また社会に成果を還元できる、社会の矛盾を変えられることもあるというのは、実際に関わる中で痛感するところです。

込	こむ こめる	込む 込める，やり込める	⇔混む
混	コン まじる まざる まぜる こむ	混合，混雑，混迷 混じる，混じり物 混ざる 混ぜる，混ぜ物 混む，混み合う，人混み	 ⇔交じる ⇔交ざる ⇔交ぜる ⇔込む 「混み合う」，「人混み」は，「込み合う」，「人込み」とも書く。

現行の『常用漢字表』（2010年制定）より
「込」の部分と「混」の部分

たとえば、八年ほど前、文化庁で常用漢字表を改定したときのことです。「電車がこむ」の「こむ」を書き表す漢字としては、実は「辶」の「込む」しか常用漢字表に入っていませんでした。しかし、どこの大学生に聞いても社会人に聞いても、「氵」の「混む」で書く人が九割を超えていました。この実態を踏まえて、常用漢字表の訓では「まじる」「まざる」「まぜる」としか読めなかったこの字に、訓読み「こむ」を追加する、そういったことを実現させました。

教育現場では、「木」の縦棒の下をはねるとバツにするといった採点が非常に多い。しかし、常用漢字表、その前身の当用漢字表の時代から、そんなことは一言も書かれていない。歴史上、はねてもはねなくても「木」に変わりがありませんでした。そういった根拠をもとに、二年前、こういう揺れはあっても骨組みは一緒だ、字体は同じ、とする指針を、国語分科会漢字小委員会の副主査として世に送り出すお手伝いをする、という仕事もしました。

法務省では、人名用漢字の追加のための仕事に携わりました。その際、子の名付けに使いたいという要望があった漢字の集計を担当し、「苺（いちご）」という字に人気が集中しているといったさまざまな事実に突き当たりました。「月」に「星」の「腥」で「せい」ちゃんと付けたいという人がたいへん多い、という事実にも気が付きました。「月」と「星」でロマンチックだ、という人が増えていたのです。いわゆる「表音文字」「表意文字」ではない、「表イメージ文字」というものが出てきたことに気付かされたのです。これも漢字の新しい展開ともいえます。実際には「月（にくづき）」に「星」で「なまぐさい」という字であるわけで、子は虐待だと感じるのでは、と心配されます。

また、経済産業省では、ＪＩＳ漢字に関する調査をしました。たとえば、「妛」という漢字は、意味も使い方もわからない。なぜＪＩＳ漢字に入っているのかわからない「幽霊文字」でした。いろいろと苦労をして膨大な原資料に当たって、その正体を見つけました。「山」の下に「女」を書く国字を使った「安原（あけんばら）」という地名があって、その「安」という字を刊行物に印刷する際に、

「山」と「女」を貼り合わせたところ、その間に線が残ってしまったものでした。それがわかった後に、実際に「あけんばら」を訪ね、その土地のようすを写真に撮り、住民の方と対面して種々の聴き取り調査もしてきました。ただ、「㚢」のように、最後まで出現した理由についての証拠を突き止められなかった字も残っているので、次の世代に期待しているところです。

滋賀県多賀町安原の風景

また、総務省などの構築する「住民基本台帳ネットワーク統一文字」、法務省の「戸籍統一文字」など、電子政府で使う文字の調査などにも、深く関わってきました。逆に学界や一般にもそうした知見を活かしていかなくてはと考えています。

研究の社会への普及

研究の応用としては、社会への普及ということも、心がけております。たとえば、辞典類については、『新明解国語辞典』『小学新漢字辞典』『漢辞海』『当て字・当

て読み　漢字表現辞典』などに、研究してきた成果、調べ直した結果を簡潔に載せることで、世の中に最新の研究状況の一端を伝えるようにしています。また、大学生向け、中学生向けの学校教科書の執筆にも関わりながら、今できることを最大限試みております。

学術書、一般書というものも同様の働きがあるので、専門書に加えて岩波新書、中公新書など新書の類も、時間を作り、手間をかけて書いています。今は、『漢字ハカセ、研究者になる』（岩波ジュニア新書）という、漢字好きの一介の少年だった私が、なぜ研究者になったのかということを、懸命に思い出して書いているところです。一般の若者にも、漢字が面白くて好きという感覚と、漢字を客観的に研究するという行為の間の壁というものを、どんどん乗り越えていただき、たくさんの眼で漢字という多面体に対して真実を究明していってもらいたいという願いを込めています。

あと、雑誌についても、研究論文を発表したり連載をしているだけでなく、先ほども申し上げたように専門誌『日本語学』の編集委員を担当したり、学会誌『日本語の研究』の常任査読委員（のちに編集委員）を担当したりしております。新聞各社や通信社、インターネットのニュースサイト、動画配信サイト、テレビ番組、ラジオ番組などでも、取材、記事の執筆、講演、出演や監修などの依頼があれば、必要性を見極めて、その場に適した新しい活動をするように心掛けています。ＮＨＫの放送用語委員会でも、なるべく研究するなかで理想的と考えたことを一つでも多く反映できるようにと努めています。こうしたことから学ぶことも多々あります。

おわりに

ここまでに触れたことですが、漢字研究に親しむ方は、本当にたくさんいらっしゃいます。学校でもだいたいクラスに一人、「漢字博士」がいる、という現実がありますね。それなのに、漢字を専門とする研究者はなぜ日本にはこんなにも少ないのでしょう。その現実について原因を常々、考えております。

そして、ネットなどを見ていると、漢字に対する極めて優れた眼を持ち、成果をまとめて情報発信をする努力を惜しまない人たちが少なくないということも、よく認識しています。そういった漢字研究に勤しむ人々を一堂に会せないか、というのが、私の願いでありました。

そうして、漢字の本質、実態を多角的に究明していくのです。どれほど超人的な人であっても、一人でできることには限りがある、と思っています。一人でできることもたくさんありますが、一人ではどうしたって限界があるものです。

さらに、知見をもつ人々が力を合わせ、漢字を用いるこの社会をより善くしていく。常用漢字の縛りで苦しんでいる、とか、人名用漢字で使いたいものが使えない、みんなが読めるのにどうして認められないのか、とか、いやもっと困ることが、いまだに至るところに、たくさんあるのです。

最後になりますが、そういう営為を通して、漢字に関わるすべての人を幸せにしていく。私は、大きく言えば漢字研究を含めた人文科学の究極の目的はこれに尽きるだろう、と考えております。

以上、つたないお話となりました。ご清聴ありがとうございました。

5

日本における漢喃研究

―回顧と展望―

清水 政明

現在のベトナム社会主義共和国（以下、ベトナム）の北部を流れる紅河（ホンハー）の流域は、東南アジアを代表する金属器文化「ドンソン文化」の地として紀元前一五〇〇年頃から世界史の舞台に登場します。そして、ベトナムの正史『大越史記全書』に登場する伝説上の王である安陽王（アンズオンヴオン）が紀元前三世紀に建てたと伝えられるコーロア城の遺跡が、首都ハノイの北、ドン・アイン県にあります。

正史によると、安陽王の後、その地は広東の南越国に支配され、その後前漢の武帝に支配されることとなり、直接的・間接的に漢文化の影響下に置かれました。そして一〇世紀に至って、ようやくベトナム北部の地は中国からの独立を果たすこととなりますが、実は、その独立を果たした主体がどのような民族性の持ち主で、現地の言語使用状況がどうだったのかは、様々な説が錯綜しており定説はありません。

ただ、一〇世紀に独立を果たして以降は、独立王朝を形成する過程で、中国風の制度をモデルとし、文化・政治の両面で漢化が急速に進んだことは確かです。明（みん）代に一時期再び中国の支配下に置かれますが、中国風の独立王朝期を通じて、知識人は漢字・漢文を用いて公文書を作成し、中国風の官吏登用試験（科挙）も実施されました。

漢字が公の場で使用される一方、村落の文書、あるいは文学や宗教の世界では、漢文の文書と並んでベトナム語による表現の必要性が高まってきました。そこで発生したのが字喃（チュノム）と呼ばれる漢字の字形を利用した文字です。一見漢字との区別がつきにくいほど漢字の筆画をそのまま用いた文字ですが、主にベトナム風の漢字の読み方（ベトナム漢字音）を利用してベトナム語特有の語彙を表記した「漢字による当て字」を基本としつつ、必要に応じてそれに意味を示す部首を付加したものです。一四世紀頃には、一定量の資料が確認できます。

さて、日本漢字学会に属するメンバーが研究対象とする地域は、広く漢字文化圏全体ということですので、言うまでもなく漢字文化圏の重要な一角を成すベトナムもその対象となるわけです。そこで、ここでは、ベトナムで用いられる漢字、及び漢字に基づいて作成された字喃に関する、日本における研究の状況を紹介したいと思います。ベトナム本国では、漢字と字喃を多角的に研究する学問を「漢喃学（ハンノム）」と呼び、政府直属研究機関であるベトナム社会科学アカデミーにも「漢喃研究院」があります。この「漢喃」という概念はここで扱う対象とほぼ一致するので、この用語を用いることにします。

字喃	発音	意味	構造
没	một	一	発音だけを借用
𤾓	trăm	百	百と、発音を表す林（lâm）の組み合わせ
洞	dòng	流れ	氵（水）と、発音を表す用（dụng）の組み合わせ
仝	trùm	頭目	人と上の意味の組み合わせ

字喃の例
（竹内与之助『字喃辞典』の「解説」より作成）

日本における漢喃研究の回顧と展望を述べるに当たって、まず元東京大学副学長、現日越大学学長の古田元夫先生による「日本におけるベトナム研究」（『日本・ベトナム関係を学ぶ人のために』世界思想社、二〇〇〇年、所収）に示された時代区分を参考に、ベトナムを対象とする研究者の世代を約一〇年スパンで五つに分け、第一世代から第五世代それぞれの時代の代表者とその著作を紹介し、それを踏まえつつ今後の展望について述べたいと思います。

一八世紀末から第二次世界大戦期

古田（二〇〇〇）の中で日本初の「ベトナム通史」として紹介されるのは、江戸時代の鎖国期に活躍した外国通の幕臣として知られる近藤重蔵（じゅうぞう）（一七七一～一八二九）の『安南紀略藁（あんなんきりゃくこう）』（一七九六）です。主に中国の文献を材料に書かれたこの書物は、言語に関する記述も含んでおり、中国明代に編まれた中国語と外国語の対訳語彙集『華夷訳語（かいやくご）』（丙種）の一つ『安南訳語』の内容がそのまま紹介されています。原著では漢字で音が当てられたベトナム語が羅列されているだけですが、本書ではその漢字にカタカナのルビが付されており、ベトナム語の音をイメージしようとした形跡が窺えます。中には日本漢字音とも中国の標準的な字音とも合致せず、現代ベトナム語の中・南部方言の原音に近い表記が見える箇所もあります。

　このような単発的・例外的なケースを除けば、日本でベトナム研究が本格

『安南紀略藁』より『安南訳語』
（国立公文書館デジタルアーカイブ）

的に始まるのは、フランス領インドシナ時代、ハノイに設置されたフランス極東学院（École française d'Extrême-Orient）に赴いた東洋史学者の山本達郎（一九一〇～二〇〇一）、藤原利一郎（一九一五～二〇〇八）や民族学者の松本信廣（一八九七～一九八一）の時代からです。

山本達郎は東京大学でベトナム史研究を続け、中国の学者聞宥が字喃に関する考察を『燕京学報』に掲載した内容を紹介した一九三五年の論文「聞宥氏『論字喃（Chū Nôm）之組織及其与漢字之関渉』」（『東洋学報』二十二巻二号）があり、藤原利一郎には「陳朝時代における国語文学の勃興」（『東南アジア史の研究』法藏館、一九八六年、所収）があります。

松本信廣は慶應義塾大学でベトナム研究を続け、第二次世界大戦の最中、日本の武力南進が開始される中、当時日本語教育振興会が発行していた雑誌『日本語』（第二巻、第五月号、一九四二年）の中に「安南語及びモン・クメル語」という文章を書いています。これは、「南方の諸言語」という特集の一部をなすもので、同雑誌の目的「南方への日本語普及事業」の一環として現地の言語を調査した結果報告と位置づけられます。その特徴として、日本と同じ漢字文化圏のベトナム語という問題意識ではなく、ベトナム固有語における日本語との共通性を主張する傾向が目立ちます。

ベトナム戦争前後

第二次世界大戦後しばらく、研究は中断してしまいますが、一九六〇年代になって、南ベトナムへの留学を果たした人物が二人います。後に東京外国語大学でベトナム語を教える竹内与之助（一九二二〜一九九九）と、慶應義塾大学でベトナム語の授業を開設した川本邦衛（一九二九〜二〇一七）です。いずれの人物もサイゴンで現代語のみならず字喃で書かれた古典を習得し、日本における字喃研究の実質的な基礎を築いた人物です。

竹内は、代表的な字喃文学作品（金雲翹新伝、陸雲仙、征婦吟曲、等々）を日本語に訳すのみならず、個々の語彙に対し語釈を付した字喃学習のための複数の教科書を出版しました（竹内一九八四、一九八五、一九八六）。また、日本語で解説した本邦初で唯一の『字喃字典』（大学書林、一九八八年）を世に出したことも大きな業績です。

一方、川本には、字喃による韻文で書かれたベトナムの歴史小説『大南国史演歌』の内容に基づいて日本語で書いた不朽のベトナム文学史『ベトナムの詩と歴史』（文藝春秋、一九六七年）があり、また中国の『剪灯新話』の翻案（他国における焼き直し）である『伝奇漫録』の字喃版を文献学の観点から長年に亘り詳細に研究した成果を『傳奇漫録刊本攷』（慶應義塾大学言語文化研究所、一九九八年）にまとめ、日本における漢喃文献学の水準の高さを世に

『ベトナムの詩と歴史』
（文藝春秋、1967年）

示しました。また、晩年に出された『詳解ベトナム語辞典』（大修館書店、二〇一一年）は、字喃文献に頻出する古典語を含む、極めて有用な工具書です。

ほぼ時を同じくして東京大学で言語学を修めた三根谷徹（一九二〇～二〇〇〇）が、ベトナム漢字音に関する記念碑的著作『越南漢字音の研究』（東洋文庫、一九七二年）を著し、その後の日本におけるベトナム語・中国音韻論研究にとって重要な功績を残しました。

同じく言語学の分野からベトナム漢字音研究に貢献した人物として忘れてはならないのが、日本の誇る博言学者橋本萬太郎（一九三二～一九八七）です。その膨大な著作の中でも、ベトナム漢字音に特化した業績として、その研究史をまとめた「Current developments in Sino-Vietnamese Studies」(Journal of Chinese Linguistics, Vol.6, 1978)、ベトナム漢字音の基となった漢語方言に関する新たな見解を示した「安南漢字音の一特質」（『中国語学』一〇〇号）及び「The Bon-Shio dialect of Hainan」(Gengo Kenkyû, Journal of the Linguistic Society of Japan, no.

38, 1960）があります。

また、もう一つの重要な業績として、一九八六年東京で開催された国際シンポジウム「漢字文化の歴史と将来」にベトナムの誇る言語学者グェン・タイ・カンを招聘し、そのベトナム語による報告内容「漢字文化とベトナム語」を川本邦衛が翻訳し冊子『漢字民族の決断』（大修館書店、一九八七年）に再掲したことが挙げられます。それまで知られることのなかったベトナム国内における言語研究の水準を日本に知らしめる重要なきっかけとなりました。

ベトナム戦争後研究活動を開始した第三世代としては、大阪外国語大学（後に大阪大学に統合）にベトナム語学科を創設した冨田健次（一九四七〜）、東京外国語大学のベトナム語学科を引き継いだ川口健一（一九四九〜）を挙げることとなります。いずれも東京外国語大学で竹内与之助の下でベトナム語を学んでおり、字喃に関する深い造詣を有する研究者です。

冨田には、ベトナムの歴史家ダオ・ズイ・アィン（一九〇四〜一九八八）による字喃研究の不朽の教科書『字喃―起源・構造・変遷』（社会科学出版社、一九七五年）の内容を平易な日本語で解説した論著「ベトナムの民族俗字『字喃』の構造とその淵源」（『東南アジア研究』一七巻一号、一九七九年）があります。また川口健一によるベトナム文学史の概説は、字喃が用いられた文化的背景、及び個々の作品の内容を日本語で知ることのできる貴重な著作です（川口二〇〇八）。

ドイモイ期

一九八六年にドイモイ政策が提唱され、ベトナム社会が大きく変化する中、日本で学位を修めた村上雄太郎（レー・バン・クー、一九五五〜）が、日越対照言語学の研究を始めます。専門は主に文法論ですが、近年東京外国語大学の今井昭夫と共に行った大規模な漢越語に関する研究が大いに注目を集めています。二〇一六年一一月六日に東京外国語大学で行われた報告会「現代ベトナム語における漢越語の研究」は、ベトナム語の中の漢語起源語彙を共時的・通時的に分析した、長年に亘る重厚な研究成果の報告でした。特にその通時的な研究は、いわゆる和製漢語のベトナムへの輸入に関する研究を大きく前進させるものでした（村上・今井二〇一〇〜二〇一八）。

九〇年代に入って、大学院生レベルの研究者がベトナムへ留学できるようになり、現在のベトナム史研究を牽引する三大人物、大阪大学の桃木至朗（しろう）、広島大学の八尾隆生（たかお）、慶應義塾大学の嶋尾稔（みのる）が、従来の漢文史料に加えて、字喃史料を本格的に活用し始めました。特に嶋尾の字喃資料を利用した文化史研究は、今後の日本における漢喃研究を牽引する意義深い研究と言えるでしょう（嶋尾二〇〇六、他）。

言語の面でも、東京大学の岩月純一が、社会言語学の観点からベトナム人の言語意識の変遷について論じると同時に、論考「ベトナムの『訓読』と日本の『訓読』―『漢文文化圏』の多様性―」（『「訓読」論―東アジア漢文世界と日本語』勉誠出版、二〇〇八年、所収）では、「漢文訓読」の概念を「漢文を『自言語』で解釈する」プロセスと再定義した上で、ベトナムで一般に「解（ザイ）音（アム）」と呼ばれる文体を分析することにより、ベトナムにおける漢文訓読の問題を独自の視点から論じています。

一方、大阪大学の清水政明は、ベトナム語の歴史的研究、特に音韻史研究の資料としてベトナム漢字音、字喃資料を利用する新たな方法を提唱しています。その背景には、ベトナム語を記した新たな文字資料が次々と報告されると同時に、ベトナム語と同系のベト・ムオン諸語の記述的研究が進んでいるという現状があります。それらの言語を比較研究することで得られたベト・ムオン祖語の形式と、ローマ字で表記され始めた一七世紀の形式の間の長い空白部分を埋める重要な資料として、改めて字喃資料を見直し、特定時期におけるベトナム語の音韻体系を再構成する試みがなされています（清水二〇一五）。

また、三根谷徹（一九七二）、グエン・タイ・カン（一九七九）の著作以降、目立った進展を見ないベトナム漢字音の研究に対しても、独自の方法で漢字音研究における字喃の有用性を主張しています。それらの成果の多くはベトナム語でも公開されており、ハノイ国家大学・人文社会科学校文学部漢喃部門で開講される科目「ベトナム漢字音」の一部を長年担当し、ベトナム本国の若手研究者の養成にも努めています。

二〇〇〇年代

一九九二年日本の対越経済援助再開により、日越関係が一層緊密となり、二〇〇〇年代に入って学術分野でも一層関係が緊密になってきました。最初に紹介するのは関西大学で研究を続ける佐藤トゥイウエンです。字喃史料を十二分に駆使した『ベトナムにおける「二十四孝」の研究』(二〇一七年、東方書店)は、字喃民間文学も視野に入れた、新たな思想史研究として注目される研究です。

また、滋賀短期大学の伊澤亮介(りょうすけ)(二〇一八)は、字喃で記された台本に基づきベトナムの水上人形劇を研究しています。

言語研究としては、字喃資料に基づくベトナム語文法史を研究する東京大学大学院鷲澤拓也(二〇一七)、現代ベトナム人の漢語意識を研究する佐藤章太(二〇一五)の研究も注目に値します。

今後の展望

以上を踏まえ、日本における今後の漢喃研究の可能性として、二つの例を示しておきたいと思います。一つは、ベトナム国内に分布する少数民族の漢字系文字と、漢語系語彙に関する研究、もう一つは、ベトナム・日本互いの言語教育における漢字・漢語の位置付けに関する研究です。

少数民族言語の漢語・漢字系文字としては、日本漢字学会監事吉川雅之（よしかわまさゆき）を代表とする科研費研究課題「変形漢字と変用漢字の類型研究」、及び同じく吉川雅之を代表とする研究課題「ベトナム東北部諸言語に見られる借用漢語音の研究」が進行中です。字喃と同じく漢字をベースに固有語を表記した資料が多数存在し、他の変形・変用漢字との対照研究が可能です。特にベトナムの最多数民族であるベト族（キン族）との接触の歴史が長い、タイー族・ヌン族の用いた漢字系文字の研究が進行中です。

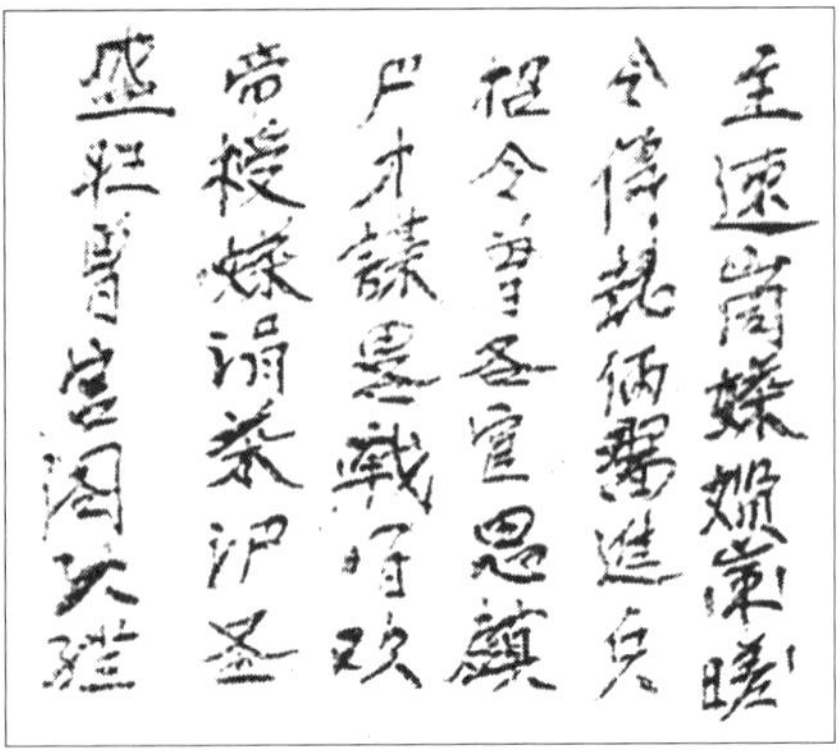

タイー（Tày）族の漢字系文字。
１行目の３文字目以下、「山」の下に「同」、「女」へんに「茶」などの文字が見られる。
『課官』（ベトナム、カオバン省、Ma Văn Hàn 氏所蔵写本）より。

上述のダオ・ズイ・アィンの字喃研究入門書にもタイー族の文字（「タイー・ノム」と呼ばれる）に関する紹介があり、結論としてタイー族の文字はベトナムの字喃の影響下で成立したと述べられていますが、むしろ同系統の言語である中国広西壮族自治区に分布する壮族の漢字系文字（古壮字）との連続性が指摘されています。仮にそれが正しいとすれば、古壮字の歴史は古く、ベト族の字喃とタイー・ノムとの関係について、再考が求められることとなります。

最後に、言語教育における漢字・漢語の位置付けについて、日本人とベトナム人が互いの言語を学習する際に、共通の言語財として漢語借用語をいかに有効に利用するかが議論されています。共通する漢字語彙をうまく利用すれば、学習語彙を飛躍的に増やすことができると予測されます。一方で、その意味や用法の差異が学習の妨げになっているのも事実です。

そこで、学習の初期の段階では、意味や用法、あるいは漢字音の似通った語彙を学び、プラスの「転移」を誘発した上で、その後徐々に音・意味・用法にずれのある語彙へと学習内容をシフトさせ、マイナスの転移を防ぐという手法が考えられます。そのような目的の下、大阪大学のファン・ティ・ミー・ロアンが中心となって『ベトナム人を対象とした新しい漢字・漢語学習指導法の提案—上』が開発されました（「下」は未刊）。あくまでここで取り上げられた語彙は、日本語とベトナム語で字音が似通った漢字語彙であり、今後徐々に対象が広げられ、最終的に基本的な漢字語彙が網羅されることが期待されます。

言語教育に関する今一つのアプローチは、ベトナムにおける漢字教育復活に向けての提言です。この点では元大阪大学教授冨田健次が積極的に発言しており、東アジア各国の互いの言語を学ぶ上でも、あるいは漢字を使い続ける日本人としての漢喃研究者からの提言として大いに注目されています。

	日本語	ベトナム語（意味）
共通する例	言語	ゴン　グー ngôn ngữ（言語）
	分析	ファン　ティック phân tích（分析する）
意味が異なる例	利用	ロイ　ズン lợi dụng（悪用する）
	表情	ビェウ　ティン biểu tình（デモ行進する）
用法の異なる例	発展	ファッ　チエン phát triển（発展する・させる）
	関心	クアン　タム quan tâm（関心がある）

日本語とベトナム語の漢字語彙の比較

＊本稿の執筆にあたっては、本文で紹介したもの以外に、以下の文献を参考にしました。
伊澤亮介「ベトナムにおける『西遊記』受容―水上人形劇の台本と『西遊傳』の分析から―」『EXORIENTE』（第二五号、二〇一八年）

川口健一「チューノム文学」『新版　東南アジアを知る事典』（平凡社、二〇〇八年）
佐藤章太「ベトナム語母語話者における漢語由来語彙と固有語彙の区別」『東京大学言語学論集』（第三六号、二〇一五年）
嶋尾稔「『寿梅家礼』に関する基礎的考察」『慶應義塾言語文化研究所紀要』（三七号、二〇〇六年）
清水政明「A Reconstruction of Ancient Vietnamese Initials Using Chữ Nôm Materials」『国立国語研究所論集』（第九号、二〇一五年）
竹内与之助［訳注］『征婦吟曲』（大学書林、一九八四年）
竹内与之助［訳注］『金雲翹新伝』（大学書林、一九八五年）
竹内与之助［訳注］『陸雲仙』（大学書林、一九八六年）
村上雄太郎・今井昭夫「現代ベトナム語における漢越語の研究」（1）～（9）『東京外大東南アジア学』（第一五～二三巻、二〇一〇～二〇一八年）
鷲澤拓也「漢文―古ベトナム語対訳資料における虚詞 chung の用法の拡張：一四世紀の『禅宗課虚語録』を中心に」『アジア・アフリカ言語文化研究』（第九四号、二〇一七年）

6 漢字が日本語を育んできた

理解と表現の道程

山本　真吾

私（わたし）の専門は国語学で、特に日本語の歴史（日本語史）を中心に学んでおります。一般に、そういうところから漢字についてお話しするというふうになりますと、日本語を読み書きする道具として文字があって、その中心に漢字がある、というような、文字や表記のお話になるかと思います。

しかし、ちょっと今日は、発想の比重というものを変えまして、漢字を受け容れることで、日本語の語彙や文体にどのような変化が起こったか、というようなことについてお話をしたいと思います。会場にいらっしゃる研究者のなかには、これからご紹介する話題は、むしろ釈迦に説法のような内容を含むかもしれません。ただ、漢字の読み書きの現場を訪ねることで、文字や表記の問題に限らない、日本語の歩みの一面を説明することができるといった、そういう趣旨で、「漢字が日本語を育んできた」というようなタイトルを付けた次第です。

訓読の符号＝訓点の誕生

まず、表をご覧ください。ごくおおざっぱに、言葉の活動というものを四つの要素、いわゆる「聞く」「話す」「読む」「書く」という動詞で位置づけますと、話し言葉は、《理解》するのが「聞く」で、《表現》することが「話す」となります。そして、文字の言葉、つまり書き言葉は、《理解》するのが「読む」、それから《表現》することが「書く」と、いうふうになると思います。

	理解	表現
音声言語（話し言葉）	聞く	話す
文字言語（書き言葉）	読む	書く

さて、この「読む」活動を日本語の歩みのなかで遡（さかのぼ）ってみますと、中国から入ってきた、漢字で書かれた文章（漢文）を、我々日本語話者の祖先が日本語として《理解》するという営為に辿（たど）り着きます。これを「（漢文）訓読」と呼びます。

京都市東山区祇園に、「漢字ミュージアム」という漢字をテーマにした博物館が、二〇一六年にオープンして賑わっていますが、その一階に、「漢字の歴史絵巻」という展示コーナーがあります。そのなかに、「日本にはもともと文字がなかった、そこへ漢字が入ってきた、漢字を日本語として『読む』ためのしるしとして訓読の符号を編み出した」というような説明が見られます。

漢文を日本語に置き換えて読む時にはさまざまな記号（符号）が使われました。中国語は日本語と語順が違うので、漢文を日本語として読む場合には、読む順番を書く必要があります。この時に使われる記号が「返り点」です。他に、助詞（「て・に・を・は」）などを補う必要もありますが、これは漢字の四隅や四辺の決まった場所に「、」を打つことで表しました。この点を「ヲコト点」と呼びます。このような記号は、墨だけでなく、角筆（かくひつ）という固い棒の先によって、紙を凹（くぼ）ませることで記されることもありました。

このヲコト点については、後ほど、古写本の画像によって、その現場の姿をご覧に入れたいと思います。また、右の記述にある、「角筆」と呼ばれる筆記具については、私の恩師である小林芳規（こばやしよしのり）先生が、この光と影で作られる記号や文字による日本語史のご研究をされています。

和化漢文の誕生

次に、「書く」という活動については、日本語話者が漢字を使って文章を記しとどめるのに具体的にどんな歩みを辿ったかということになります。古代には、「和化漢文（わかかんぶん）」、あるいは「変体漢文」などと呼ばれる独特の漢字専用文が誕生しました。漢字だけが並ぶ文字列を見ているかぎりでは、中国古典の漢文と区別が付きませんが、明らかに日本語の文章を漢字だけで綴るという姿勢で書かれている文章です。「漢字の歴史絵巻」では、次のように説明してあります。

漢文の文章様式でありながら、その中に日本語の要素が混ざっている文章のことを、「和化漢文」と呼びます。和化漢文の見た目は純粋な漢文に似ていますが、語順や語彙などに日本語の影響があるため、漢文としては読めません。奈良時代から、日常的な文章や戸籍などを書く時に広く使われました。10世紀頃からは、貴族が和化漢文で自分の日記を書くことが盛んになり、その後も手紙文などの文体として長く使われました。

「公家がこのスタイルで書いた日記」というのは、たとえば、藤原道長の『御堂関白記』などがその例になります。

和化漢文と万葉仮名

ここで、太安万侶の撰述した歴史書『古事記』の一節をご紹介してみましょう。

自二其地一幸、到二三重村一之時、亦詔之、吾足如二三重勾一而甚疲。故、号二其地一謂二三重一。
自レ其幸行而、到二能煩野一之時、思レ国以歌曰、
夜麻登波　久爾能麻本呂婆　多多那豆久　阿袁加岐　夜麻碁母礼流　夜麻登志宇流
波斯

右は、日本各地の豪族を征伐するため奔走したヤマトタケルが伊勢国（三重）の能煩野（ノボノ）の地で力尽き息絶える場面です。『古事記』の書かれた奈良時代には、平仮名も片仮名もまだ生まれていませんでしたから、すべて漢字だけを用いて書かれています。しかし、この漢字専用の文章、線を付していない部分と波線部とでは、書き様が違っているのにお気づきでしょう

か。仮に日本語に復元してみると、次のようです。

其地より幸まして、三重の村に到りましし時、亦詔之く、吾が足は三重の勾りの如くして甚疲れたり。故其地を号けて三重と謂ふ。其より幸行まして、能煩野に到りましし時、国を思ひて歌ひたまひて曰く、

やまとは　くにのまほろば　たたなづく　あをかき　やまごもれる　やまとしうるはし

線を付していない部分は主に出来事を綴っていて、この箇所は返り点を付けないと日本語として理解できない、中国古典の語順にならった漢文体で書かれています。しかし、最後の波線部は、漢字の音を借りた当て字として読むことができます。歌の冒頭「夜麻登波」は、「やまとは」と読めます。「夜」の night の意味は捨てて、ただ「ヤ」という音のみを借りる、「登」も climb の意味を捨てて「ト」の音だけを借りてくる表記方式です。この漢字の用法は「万葉仮名」と呼ばれるものですが、太安万侶は、この漢文体と万葉仮名表記、それぞれの長所、短所をよく理解したうえで、両者を巧みに織り交ぜて『古事記』を綴りました。

漢字を一義的に用いる

もし、今、私たちが、平仮名も片仮名も用いずに漢字だけで文章を綴るように制約を加えられたら、書き言葉の生活にどのような支障が出るでしょうか。

中国古典の漢文に限らず、外国語を学ぶうえで最も難しいのは、多義語の理解ではないかと思います。たとえば、英語の have は、最初は「持つ」という意味の一般動詞として教わります。ところが、have to となると助動詞として「しなければならない」の意味で用い、さらに、have の後に過去分詞が来ると現在完了という文法的形式を構成します。初歩的な段階ではごく簡単な単語であっても、学びの過程のなかでさまざまな意味用法のあることを知り、そのどれであるかを文脈から特定しなければ正しい理解には至りません。

漢字も然りです。たとえば、「過」字には、時間や場所を「過ぎる」という意味があります。しかし、もう一つ「過失」という熟語があるように、「あやまつ」という意味もあるのです。

前後の漢字列からそのどちらかが分からなければ誤解してしまう恐れがあります。太安万侶は、このような危険を回避するために、できるだけ漢字の用法に多義性をもたさないで、一義的に使うように努めた形跡があります。中国の漢文では「令」字は、①言いつける、②よい、③仮定の「もし」、④長官など、動詞、形容詞、副詞、名詞など品詞も多岐にわたってさまざまな意味で用いられます。ところが、『古事記』では原則として「令」は、使役（…させる）の意味の助動詞としてしか用いません。「（〜に）…しむ」と一つの意味で用いているのです。『古事記』を読む人は、文中に「令」字が出てくると「しむ」と読んで使役の意味に理解すればよいということになります。

受け継がれる和化漢文

それでも、中国古典風に文章を綴ることで日本語としてすべて表現し尽くすことには限界があります。固有名詞や歌謡など、より正確に日本語として記しとどめるには、万葉仮名表記も併用されたのです。ただ、万葉仮名表記は正確ではありますが、歴史的な出来事を記述するにはあまりに冗長になってしまい、不向きです。仮に「桜の花が咲いている。」といった日本語を書こうとすると、漢文であれば「桜咲。」とでも書けばおおよその意味が通じますが、万葉仮名で書いてみると「左久良乃波奈賀佐伊天以留。（＝さくらのはながさいている）」などとなってしまい、これではどれだけの文字数が必要か分かりません。

和化漢文は、中国古典の権威が後々まで保存されたということもありますが、情報蓄積力に長けていたということもあり、近代に至るまで命脈を保つことになります。平安時代以降、漢字平仮名交じり文（あるいは漢字片仮名交じり文）の生まれた後も、和化漢文は、中世、近世の多くの文書の文体に採用され、さらに近代（森鷗外の日記など）までずっと受け継がれていったのです。細かなニュアンスまでも正確に綴ることはできませんが、出来事を簡潔に記すには好都合だと思われます。私は手帳を日記代わりにしていますが、漢字ばかりで書いてみると限られた紙面にたくさんの情報を盛り込むことができて実に便利です。ある日の記録では、「今朝豪雨、列車混雑、隣人之傘接触我足、甚不快、最可呪。（＝今朝は豪雨で、しかも列車が混雑していた。隣の人の傘が私の足に当たりとても気分が悪かった、もっとも呪うべきである。）」と記したりしています。

このように、和化漢文は、元来、日本語話者相互の記録のために編み出された文体であり、したがって、しばしば中国古典の語法から外れることがあり、常用される漢字も中国古典の文章に比べて少なくなっています。しかし、それはもともと中国語話者をめあてにして書かれているのではなく、日本語として書くことを目的としたからに他なりません。そういった観点から和化漢文を眺めてみると、語順が日本語式になっていたり、敬語の補助動詞が書き加えられていたり、和製漢語が用いられていたりするといった特徴を指摘することもできるのです。

訓点資料の実際

中国古典という外国語で書かれた文章を理解するのに、翻訳という一般的な方法ではなく、いわゆる「白文」に、読み仮名の片仮名や平仮名を付けたり、あるいは返り点を付けたりして、日本語として書き下せるようにする「訓読」という方法があることについては、高校までの漢文で習っていて、ご存じのことと思います。実際の漢文に訓点を施した古い時代の資料（訓点資料と呼びます）には、先ほど少し話題にした「ヲコト点」という訓点が施されていることもあります。まず、この「ヲコト点」について、ご紹介しましょう。

写真は、ノートルダム清心女子大学の正宗敦夫（まさむねあつお）文庫本『長恨歌（ちょうごんか）』という書物で、鎌倉時代の正安二（一三〇〇）年に書写された文献です。『長恨歌』は、唐代の詩人白楽天（白居易（はくきょい））によって作られた漢詩で、高校の漢文の教材にも採られていますから馴染みがあるかと思います。

この書物にも、ヲコト点が使われています。この点は位置によって、表す音が違っています。まず、一行めの「色」や「国」には漢字の右上に点があります。この場合、「を」を表します。一方、「色」には左下にも点があり、これは返り点を兼用しつつ「て」を表すものです。さらに、「求」字の場合、漢字の右辺なかほどに点があって、これは「こと」を示しています。したがって、この箇所は、「漢皇（かんこう）色を重（んじ）て傾国を思（ふ）、御宇（ぎょう）多年求（むる）こと（を）得（え）ず」（括弧

漢皇重色思傾国　御宇多年求不得
楊家有女初長成　養在深窓人未識
天生麗質難自棄　一朝選在君王側

正宗敦夫文庫本『長恨歌』
（ノートルダム清心女子大学蔵）

の読みはわかりやすくするために補っています）というように読むことができ、書き下し文ができるわけです。

ヲコト点と一口に言っても、多種多様なものが知られています。ちなみに、この正宗敦夫文庫本『長恨歌』のヲコト点は、古紀伝点（こきでんてん）などと呼ばれるもので、紀伝道関係の儒者によって加点されたと考えられているものです。

この訓点に従って漢字列を読み下すと、漢文訓読文という日本語の文ができあがります。高校の漢文の授業をちょっと思い出していただきますと、白文があって、それに訓点を施すと訓読文になり、それに従って書き下した文が、日本語の文になります。
たとえば、①が白文、②が訓読文、③が書き下し文という具合です。

①汝已慇懃三請豈得不説（『法華経』巻二）
②汝、已ニ慇懃ニ三タビ請ジツ。豈ニ得ムヤ不ルコトヲ説カ。
③汝、已に慇懃に三たび請じつ。豈に説かざることを得むや。

この漢文訓読文の言葉を辿ることによって、たとえば、同じ平安時代の古語でも、『源氏物語』や『枕草子』とは違った言葉の世界というものが知られるようになります。

気になる新幹線のアナウンス

私は、単身赴任をしていて東京の大学に通っております。自宅は三重県の四日市というところにあって、週末や長期休業の際にはしばしば新幹線を利用して帰っています。このときの新幹線のアナウンスですが、昨年の春ごろから、少し気になっている言葉遣いがあります。

たとえば、二〇一七年四月一七日のひかり五一二号東京行きに乗っていて新横浜の駅に近づ

いて来ますと、

新横浜では停車後すみやかに発車致します。

というアナウンスが、耳に入ってきました。ところが、五月二二日ののぞみ三〇六号で東京に参りましたときには、次のようになっていました。

新横浜では停車後すぐに発車致します。

このように変更された理由について、ＪＲ東海等に問い合わせたわけではありませんので本当のところはよくわからないのですが、私の想像するところ、お客さんのなかに「すみやかに」という言葉がちょっときつく響く、命令調に感じるというご意見でもあったのかな、あるいは、最近大勢訪れるようになった外国人の観光客にはちょっと耳慣れない、難しい言葉であったのではないかと思われます。

しかし、今年の三月二六日にのぞみ二〇二号に乗りますと、これまた「すみやかに」に戻っておりました。「すぐに」と意味はあまり変わらないのですけれども、やはり、定刻に発着する新幹線の運行を保持するためには、停車時間の短い間に降車を迅速に促す表現として「すみやかに」という言葉が選ばれたのではないでしょうか。

古文の言葉と漢文の言葉

さて、ここで考えてみたいのは、この「すみやかに」という言葉はいったいいつごろからあるのだろうか、ということです。

「速く」という意味を表す古語としては、これも高校の古文の古語学習を思い出していただきますと、「すみやかに」は、古文の教科書にはなかなか出て来ません。では、どういうふうにして「速く」という意味を表すかというと、

A　野に歩けど、心はそらにて今宵だに人しづめて、いと**とく**あはむと思ふに
（『伊勢物語』六九段）

と、『伊勢物語』では「とく」という表現があります。この「とく」は『伊勢物語』に限らず、

『蜻蛉日記』『源氏物語』『枕草子』など、広く平安時代の古文の世界に見られる言葉です。

では、この時代に「すみやかに」という言葉はまだ使われていなかったかというと、実は平安時代にすでにあるのです。

B 王乃（ち）信然（として）曰く、鹿王何ゾ**遽**（スミ）**ヤカ**ニ来レル耶ト（ノ）タマフ

（石山寺蔵『大唐西域記』長寛点）

これは『大唐西域記』という、唐の玄奘三蔵（げんじょうさんぞう）が記したインドなど西域の地誌、見聞録を、日本の「長寛」という元号の時（一一六三～一一六四）に訓点を施して読んだ、いわゆる訓点資料に基づく書き下し文ですが、このような漢文訓読の世界では、「すみやかに」という言葉がごくふつうに使われている、ということであります。

もう一つ別の例を挙げてみましょう。「互いに」という日本語、これも、古文では「かたみに」という言葉が一般的です。

A 同じところに住む人の、**かたみに**恥ぢかはし（『枕草子』ありがたきもの）

古文を学習した際には、ああ、平安時代には、我々が「互いに」って言っていることを古語で「かたみに」って表したんだなあ、というふうに思われるんですが、「互いに」という日本語は、これも平安時代初期（九世紀）からすでに使われていて、『枕草子』や『源氏物語』には使われないけれど、訓点資料に見え、漢文を読み下す場では使われていたのです。

B　**互**（たがひ）**ニ**相ひ譏チ諂ヒツ枉ゲテ（西大寺蔵『金光明最勝王経』平安初期点）

さらに、程度大の副詞「とても」という意味を表す言葉についても、同じようなことが言えます。

A　まいて雁などのつらねたるが、**いと**小さく見ゆるは**いと**をかし（『枕草子』春はあけぼの）

これも、「とても」という意味をもつ単語は、平安時代には「いと」って言うんだな、と高校の時に学ぶわけですけれども、同じような意味の「はなはだ」という日本語は、平安時代の訓点資料にすでに見えます。

Ｂ　彼の仏滅（し）タマヒしヨリ已来、甚大ダ久（し）ク遠し（立本寺本『法華経』寛治点）

それは『枕草子』などの和文の言葉には表れにくく、漢字列を読み下すときの漢文の用語として採られているのです。

そういった例はほかにもいろいろありまして、「怒る」という意味は、『源氏』では「むつかる」という言葉で表されています。

Ａ　格子を上げたりけれど、守、「心なし。」と、むつかりて下しつれば（『源氏物語』帚木）

ところが、「いきどおる」という言葉も、平安時代の漢文訓読の世界には使われているのです。

Ｂ　逆に憤リを発し、食を忘（れ）て（興福寺蔵『大慈恩寺三蔵法師伝』延久頃点）

現在に継承される漢文訓読の言葉

このように見てまいりますと、今日、Aの、「とく」や「かたみに」、また「いと」とか「むつかる」なんていう言葉を日常的に使うことはありません。いわゆる古語として、過去には用いられたけれど、現代には伝わらない言葉なのです（ただし、方言では用いられる場合があります）。一方、Bの、「すみやかに」も「たがいに」も「はなはだ」も「いきどおる」も、堅い語感は伴いますが、現代の日本語にちゃんと伝わっています。

つまり、和文の、王朝仮名文学作品『源氏物語』や『枕草子』の言葉というのは、現代日本語とはしばしば一致しないので、昔はこう言ってたのが、いつのまにか、今の言葉に変わってきたのだなあ、というふうに《変化》と捉えられがちなんですが、実はそうではありません。中国の漢文（あるいは和化漢文）を読み下す場で使われてきた言葉の方には、現代語に継承されてきた言葉があったのです。漢文訓読と現代日本語の成立の関係、つまり現代日本語のいろんなボキャブラリーや、文体の様相というものを考えるうえで、漢字というものをどのように我々日本人が取り込んでいったかという歴史を辿ることが非常に重要であるということを、ここではご紹介させていただきました。

これからの漢文訓読研究

右の漢文訓読語の世界は、築島裕(つきしまひろし)先生によって一九六〇年代後半に体系的に明らかにされた知見です。しかし、こういった漢文訓読の言葉が現代日本語に受け継がれる具体的な流れというものは、まだよくわかっておりません。古文でも、平安末期の『今昔物語集』、鎌倉時代の軍記『平家物語』などの、いわゆる和漢混交文には、漢文訓読語が見えます。

日本語の文体形成にこの漢文訓読語がどのように関わっていったかのプロセスを、今後は解明してゆかなければなりません。

加えて、ほぼ同じ意味なのに異なった言葉が選択されるという事実はすでに明らかになっていることですが、なぜそうなるのか、という問題が残されています。なぜ漢文訓読では「とく」が使われずに「すみやかに」が使われ、『源氏物語』ではなぜ「すみやかに」という言葉が出て来ないのか、といったような原因の追及などが、未開の分野であります。

さらに、日本語の文体史における、和化漢文の役割も解明してゆく必要があります。日本史の研究材料はこの和化漢文で綴られた文書、記録が大半を占めます。これらが日本語の文体形成に果たした意義はおそらく甚大であろうと思われます。

このように、漢字は、日本語を記しとどめるための文字として重要であったという以上の意味を、日本語の歩みに与えたように考えられます。文字・表記の面からだけでなく、語彙、文法、文体のさまざまな面から追求してゆくことが今後望まれるでしょう。

どうも、ご清聴、ありがとうございました。

◇◇◇

日本漢字学会について

設立の目的と活動内容

日本漢字学会(Japan Society for Cultural studies of Chinese Characters, JSCCC)は、二〇一八年三月に設立されたまだ新しい学会です。その目的は、会則において、

本会は、アジア諸国の漢字及び関連諸領域の研究を通じ、日本における漢字文化の発展に貢献することを目的とする。

と定められ、同じく会則で、次のような活動をすることを定めています。

◇◇

1　総会の開催
2　大会（研究発表会・講習会等を含む）及びその他の会合の開催
3　学会誌（論文集）、会報誌（寄稿集）等刊行物の発行
4　内外関係諸機関との連携
5　その他必要な事業

設立趣意書と研究対象

学会の活動の趣旨をより明らかにするため、以下に、設立総会で採択された「設立趣意書」と「研究対象」を引用しておきます。

日本漢字学会　設立趣意書

第二次世界大戦後、日本に進駐した連合国軍は、漢字を大量に使って日本語を書くことは近代化のさまたげになると考え、すみやかに漢字を廃止して、ローマ字で日本語を表記するよう提案した。それをうけた政府が制定した「当用漢字表」は、漢字制限を目的とし、最終的には漢字の全面的廃止を視野に入れるものであっ

◇◇◇

た。しかし戦後の混乱から立ち直り、急速に経済復興をとげるにつれて、社会全体において漢字の重要性が再認識され、「当用漢字表」の後継規格として作られた「常用漢字表」は漢字制限規格ではなく、漢字使用の目安として示された。

漢字の形と読み方と意味を覚え使いこなすためには、長年にわたる反復学習が必要である。それは表音文字の修得とは比較にならない労力を必要とするが、それにもかかわらず、日本人はついに漢字を放棄しなかった。いったいなぜなのだろうか。それは、いつの時代においても漢字が私たちの生活と文化に深く根ざしていたからにほかならない。

漢字は古くから記紀・万葉・仏典・漢詩などの表記に用いられ、また文明開化期では、多くの漢字語を創造して大量の文献を翻訳し、近代西洋文明を導入した。現代においては情報産業の発達により、もともと機械処理は不可能とされていた漢字がパソコンなどで簡単にデータ処理できるようになった。また学校教育の充実によって識字能力がほぼ一〇〇%に近い日本では、多くの人が漢字をきわめて身近なものと感じている。

このように歴史的にも現代的にも私たちの生活と密接不可分の関係にある漢字

に真正面から向き合い、漢字が内包するすぐれた価値を明確にし、それを社会に反映させていくことの意義は、まことに大きいと考える。

研究の方向は、それぞれの漢字の形・音・義に関することはもちろん、漢字にかかわる文献研究や出版、書道やデザインなどの芸術活動、あるいは漢字教育や漢字政策、さらには漢字をめぐるＩＴ技術など、きわめて多岐に及ぶべきである。

広範な分野における漢字の総合的な研究を通じて、わが国におけるよりよい漢字文化の発展に貢献するため、ここに「日本漢字学会」を設立しようとするものである。

二〇一八年三月二九日

発起人一同

研究対象

（１）漢字そのもの（発生、変遷、音訓、字体、機能等）
（２）漢字を用いた文化（表記、語彙、文献、書道、出版等）
（３）漢字を処理する文化（活字、漢字タイプ、漢字変換、文字認識等）

（4）漢字を管理・制御する文化（漢字教育、漢字政策等）
（5）漢字を扱う国家や社会（漢字文化圏、比較文字学等）

入会案内

日本漢字学会には、所定の入会手続でどなたでも入会できます。資格審査等はありません。

日本漢字学会の会員には、「正会員」と「賛助会員（個人）」の種別があります。正会員は大会で研究発表をすることができ、学会誌に投稿できます。一方、賛助会員は大会では聴講のみで、会報誌の送付を受けられます。また、団体を対象とした「賛助会員（団体）」もあります。

それぞれの年会費は次の通りです。（二〇一八年度時点）

正会員：五、〇〇〇円
賛助会員（個人）：一口二、五〇〇円
賛助会員（団体）：一口三〇、〇〇〇円

なお、入会金は不要です。

日本漢字学会のホームページ（https://jscc.org/）では、会員種別の詳しい違いや、具体的な入会方法のほか、活動報告なども随時掲載しています。ご参照ください。

漢字学ことはじめ

2018年 12月25日　第1版第1刷　発行
編　者　日本漢字学会
発行者　髙坂　節三
印刷所　三松堂株式会社

発行所　公益財団法人 日本漢字能力検定協会
〒605-0074　京都市東山区祇園町南側551番地
☎075(757)8600
ホームページhttps://www.kanken.or.jp/

Printed in Japan
ISBN978-4-89096-383-6　C0081